私がお金で困らないためには今から何をすればいいですか？

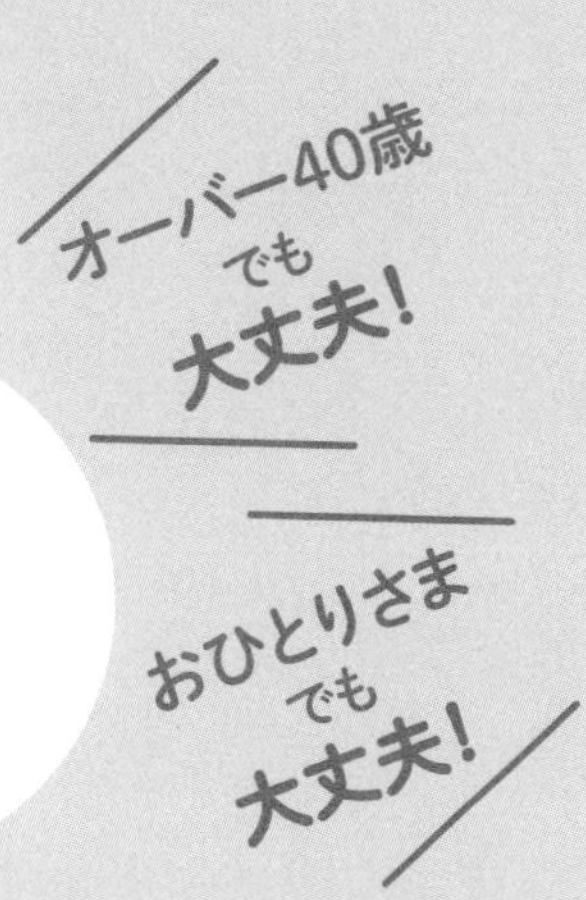

井戸美枝

日本実業出版社

はじめに

将来の自分がどうなっているのかを想像してみてください。具体的に40代、50代、60代、70代の自分はどうしているのか――。

いかがですか？　なかなか難しいものです。

今60代の私が、個人事業主として社会保険労務士やＦＰの仕事をしているなど、30代の私が想像することはとてもできないでしょう。

また、私は50代の頃、国境を意識しない「ボーダーレス」「グローバル化」を体感したいと思い、先進国や新興国を随分と見て歩きました。それが一変し、現在はコロナ禍で旅行どころではありません。この状況を誰が想像できたことでしょう。

未来のことは誰にもわかりません。しかし、はっきりしているのは、毎日が連綿と続くことによって、未来になっていくことです。未来は、あなたが過ごした一日一日の積み重ね。つまり、毎日をどのように過ごすのかが、未来を決める上で、とても重要になるのです。

未来の自分がハッピーでいるために、大切なことが二つあります。

一つは「お金」、もう一つは将来への「見通し」と「心づもり」です。心づもりは、「決心」あるいは「覚悟」といってもよいかもしれません。具体的には、年代ごとの目標（ゴール）とやり遂げる意思です。

まず、お金に関して大切なことは二つあります。「お金に困らない、困らせられない三つの原則」と、「上手にお金とつき合う」です。

「お金に困らない、困らせられない三つの原則」とは、①収入の範囲内で生活する（支出は収入を超えない）こと、②原則として借金はしないこと、最後に③前記二つの原則を生涯守ること、です。

貯蓄も支出の一部とすると、①を守る限りお金が貯まります。大切なのは、毎日の支出のコントロールを習慣にしてしまうことです。

できれば、家計簿や日記という一日単位の記録をつけましょう。家計簿は日々のお金の流れを把握でき、月単位、年単位で家計収支が把握できます。日記はその日の出来事で衝動買いなどを引き起こした原因などがわかるようになります。

次に上手なお金とのつき合い方ですが、お金を使う「支出」は「清く、正しく、美しく」あるべきだと思います。「清く、正しく、美しく」の反対は、お金払いが悪く、不法行為や誤ったことにお金を使い、そしてお金に汚い執着があるということです。間違いなく人に嫌われ、歳をとるごとに後悔します。

また、ある程度の金融資産ができたら、金融資産の運用、投資を考えます。将来への安心安全へとつながる可能性を高めてくれます。


「お金」とともに大切になるのが、将来への「見通し」であり「心づもり」です。登山を例にすると、まずどの山に登るのか、頂上を目指すのか景観を楽しむのかなどゴールを設定し、ゴールを達成するための「見通し」を持つことが重要です。

そのためには、どのような手順で頂上へ至るかのルートを描き、そのルートが正しいかチェックもしなければなりません。


本書は、この将来への「見通し」（ルート）を年代別にまとめています。まずは年代別の「見通し」を概観し、どの程度の「心づもり」が必要になるのか、そして、どのような方法があるのか、そのルートを示しました。

自分なりの答えを考え、メモしながら読んでみてください。そのメモが「漠然とした不安」を解消するヒントであり、「地に足のついたおとな女子」のスタート地点となります。

オーバー40歳でも大丈夫！　おひとりさまでも大丈夫！
私がお金で困らないためには
今から何をすればいいですか？

CONTENTS

はじめに……03

prologue
リカバリー可能？　おとな女子の大失敗ストーリー

case1　A子さん　離婚・介護離職　無職の私はどうしたらいい？……14
case2　B子さん　離婚・専業主婦　おひとりさま目前の私はどうしたらいい？……18
case3　C子さん　独身・実家暮らし　貯金ゼロの私はどうしたらいい？……22
case4　D子さん　独身・正社員　病気が心配な私はどうしたらいい？……26
case5　E子さん　シングルマザー・パート　ひとり親の私はどうしたらいい？……30
case6　F子さん　未亡人・継続雇用　浪費癖が抜けない私はどうしたらいい？……34
COLUMN❶「私はなぜ、ファイナンシャルプランナーになったのか」……38

第1章
今からでも遅くない！　「40代」「50代」「60代」「70代」おとな女子のやるべき5カ条

これからの人生は「40代」「50代」「60代」「70代」の四つに分ける……42
40代の過ごし方　キャリアやスキルを磨く努力と老後資金を貯め始めるフル回転の時期……46

50代の過ごし方 老後生活前のラストスパート　年金の確認や親の介護の準備を！……52
60代前半の過ごし方 セカンドキャリアに向けてさまざまな見直しが必要に！……58
60代後半の過ごし方 面倒な人やモノに縛られず自分ファーストで楽しく過ごす！……62
70代の過ごし方 いよいよ本格的な老後生活スタート
終活に向けてやるべきことが盛りだくさん！……66

第2章 老後が不安!? おとな女子の老後生活プラン

PART 1【公的年金ケース編】老後の不安どう解消？　6人の解決後の年金大公開！……72
PART 2【公的年金基礎編】老後生活の基盤　公的年金制度の仕組みを解説……88
あなたはどの年金に加入してる？……88　ねんきん定期便の見方を知ろう……90
公的年金を受け取るには条件がある……92　「国民年金」はいくらもらえる？……94
厚生年金は収入と加入期間で変わる!?……96
厚生年金は何歳まで入っていていいの？……98
離婚すると夫の年金がもらえる？　入るお金は？……100
定年後に減った月給を補てん「高年齢雇用継続給付」……102
【番外編】手取りが減るから気が進まない　パートは厚生年金に加入すべき？……104
PART 3【公的年金家計見直し編】老後の生活費を意識して家計を整える……108
まずは今の家計を把握して費目ごとにチェック……108
会社員、フリーランス　実際の生活のイメージは？……110

年金だけで暮らすのは難しい　今からダウンサイジングを意識する……112
今の生活費を書き出してみよう……114
毎月の生活費だけではダメ　特別費も記録しよう……116

PART 4【公的制度活用編】**もらえるお金は取りこぼさない！**……118
シングルマザーは即申請を「児童扶養手当」……118
夫に先立たれたら受け取れることも!?「遺族年金」……120
仕事を失ってしまったら「失業給付」の手続きを……122

PART 5【退職後の資金準備】**イベント費も結構かかる老後のお金はどう準備する？**……124
意外とかかる日常生活費以外の出費……124
ダウンサイジングのシミュレーションをしてみよう……126
足りないお金は「自分で稼ぐ」「お金をコツコツ育てる」……128

COLUMN❷「寿命とともに資産も長生きさせる！　人生100年時代の資産延命術」……130

第3章

老後に足りないお金をどう補う？「稼ぐ力」が身を助く

PART 1【定年後の働き方基礎知識】**おとな女子は何歳まで働くべき？**……132
女子はみんな長生き　定年後約24万時間もある！……132
人生100年時代だから70歳定年も……134

PART 2【60歳まで会社員】**60歳まで今の職場で働き　その後、別の仕事に就く**……136
ケーススタディ❶「転職」……137
ケーススタディ❷「起業」……138
ケーススタディ❸「再雇用」……139

PART 3【50代までに転職】50代のうちにキャリアチェンジする……140
ケーススタディ④「資格取得」……141
ケーススタディ⑤「業務委託」……142
ケーススタディ⑥「独立」……143
PART 4【職業を2つ以上持つ】会社員を続けながら副業をする……144
ケーススタディ⑦「副業①」……145
ケーススタディ⑧「副業②」
ケーススタディ⑨「副業③」
ケーススタディ⑩「副業④」……146、147
PART 5【稼ぐ力の身につけ方】井戸美枝が伝える「稼ぐ力」7カ条……148
【稼ぐ力番外編】副業をした時の税金・社会保険の注意点……152

第4章 自分だけでなく「お金」に働いてもらう 今日から始めたいiDeCoとつみたてNISA

PART 1【年金の繰り下げ】公的年金の受給開始を遅らせると受給額が大幅アップする……158
国民年金と厚生年金　どちらも受取り時期を選択できる！……158
公的年金を繰り下げてできた空白の期間を自分年金で補てん……160
PART 2【iDeCo】65歳まで延長！　税制優遇がすごい「iDeCo」……162
公的年金だけでは足りない分は自分年金制度の活用を……162
老後資金づくりにぴったり！「iDeCo」の仕組みを知ろう……164
iDeCo最大のメリット　3段階の税制優遇とは？……166
積立額は無理せずコツコツ長く続けることが大切……168
60歳以降の受取り方は？　効率的な受取りプランを考える……169
積立（拠出）時の所得控除でどれくらいお得になる？……172

長期運用でリスクを抑えながら資産を増やせる……174
iDeCo口座はどこにする？　選び方の注意点とポイント……176
金融機関を絞ったら申し込み書類を取り寄せよう……178
iDeCoの運用商品は2タイプ　初めて選ぶ時のポイントは？……180
投資信託を選ぶ前に自分のリスク許容度を決めておく……182

PART 3【つみたてNISA】非課税でお金をいつでも引き出せる「つみたてNISA」……184
幅広い用途に利用できる「つみたてNISA」の仕組み……184
投資初心者にぴったり！　つみたてNISAの5つの特徴……186
つみたてNISA、どこで申し込む？　失敗しない金融機関の選び方……188
金融機関が決まったら申し込みの準備を！……190
つみたてNISAはライフプランに合わせて自由に引き出せる……192

PART 4【その他の方法】年金繰り下げ、iDeCo、NISA以外にも年金を増やす方法がある！……194
フリーランスは「国民年金基金」と「小規模企業共済」の利用も検討を……194
月額400円のプラスで一生のお得を手にできる……196
民間の保険会社の個人年金に加入する手も……198

COLUMN❸ 幅広い人が使える制度に進化　2022年からiDeCoが変わる！……200
COLUMN❹ 企業型DCの加入者は「自動移換」に注意……202

第5章 元気なうちに知っておきたい。エンディングへの準備法

PART 1【60歳から始める終活のコツ】
人生100年時代を楽しむために　井戸流！　60歳からやっておきたい「ちょびっと終活」……204

PART 2【医療・介護の基礎知識】エンディングに向けて医療と介護制度を知っておく……210
自分らしいエンディングを迎えるための準備をしておこう……210
退職後の健康保険は3つの選択肢から選ぶ……212
年齢とともに罹患リスクも高まり医療費が負担になる可能性も！……214
7段階の支援・介護　要介護3〜4になると重度に……216
資産内でまかなえる？　平均介護費用と期間を知っておこう……218
「在宅」と「施設」介護では平均費用は2・5倍違う！……220
高齢者用の住居や介護施設は「介護型」と「住宅型」がある……222

PART 3【終活の仕上げ】自分の亡き後の体制づくりをする……224
自宅か施設か　元気なうちに〝終のすみか〟を考える……224
認知機能の低下に備え「成年後見人制度」を知っておく……226
財産がいくらあるかはリスト化しておく……228　誰が相続人なのか把握しておく……230
お葬式&お墓の段取りも整えておく……232　おひとりさまなら死後事務委任契約するのも一手……234

おわりに……236

カバー・本文デザイン、DTP……志岐デザイン事務所（秋元真菜美）
カバーイラスト……添田あき
本文イラスト……角一葉
編集協力……回遊舎（酒井富士子、今野珠美）

case 1
A子さん
58歳

42歳で離婚し実家に戻る。4年前に母（現在84歳）が倒れ介護離職。現在無職で母の年金と預貯金頼りで在宅介護中。貯金300万円。

一可能？女子のストーリー

case 2
B子さん
48歳

転勤族の夫について28歳で退職以降ずっと専業主婦。子どもなし。夫から離婚を切り出されそうな状況。結婚前に貯めた貯金は300万円。

けない……私の人生どうなる？
な女子」たちのお悩みを
一術でズバッと解決します！

52歳

大学卒業後ずっと実家暮らし。36歳まで正社員として働いたが、現在は派遣社員。収入はすべて飼い犬と自分のためにに使い、貯金はゼロ。

62歳

定年まで働き、現在は継続雇用で働く62歳。2年前に夫が急死。息子は独立。浪費癖が抜けず、退職金1500万円はすでに500万円減。

井戸先生！
今からでも
間に合いますか？

間に合いますよ！

無職、貯金がない、浪費癖が抜
そんな不安をかかえる「おと
井戸先生による最強リカバリ

case
5
E子さん

44歳

4年前に離婚したシングルマザー。正社員経験がなく40歳からスーパーのパート社員として働く。子どもは今度中学生。貯金は50万円。

44歳

大学卒業後ずっと正社員。賃貸マンションに一人暮らしの44歳。実家は遠方。将来に不安を感じ、家の購入を検討している。貯金600万円。

case 1

A子さん　離婚・介護離職

無職の私はどうしたらいい?

PLOFILE

A子さん

58歳・独身。16年前に離婚し実家に戻る。4年前に母が倒れ介護離職し、現在無職。母の年金と預貯金300万円を頼りに、在宅介護をしている。

お悩み

母の介護のため仕事を辞め、現在は無職で収入ゼロ。母の年金と預貯金を切り崩して生活をしていますが、いつまでこの生活が続けられるのか心配。自分ももうすぐ60歳、このままでは自分自身の老後も不安です。

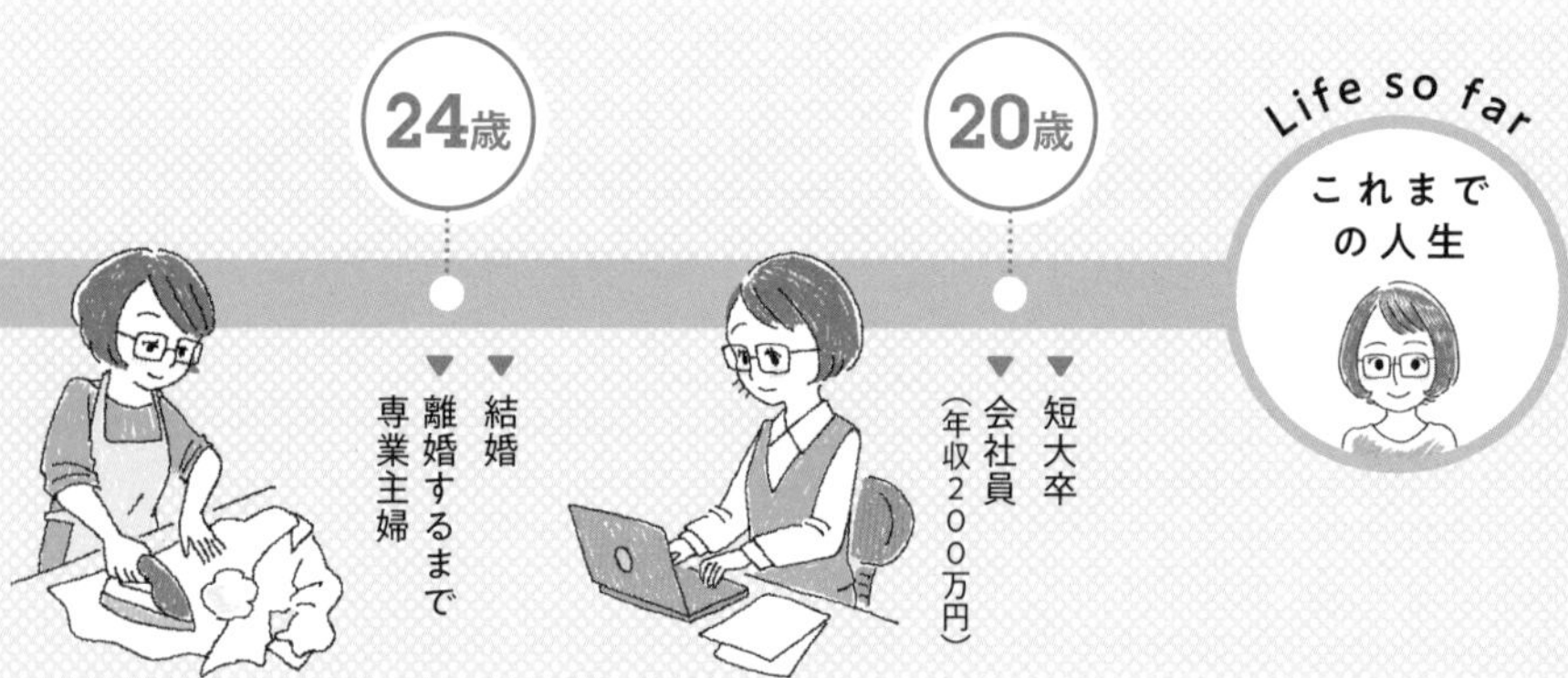

井戸先生's ADVICE

このままだと…

年齢が上がるほど再就職をするのは難しくなり、離職期間が長引くだけ正社員になるのは困難に。お母さまを看取った後、残されたのは無職で貯金もない自分だけ、ということになったら、ご自身の老後生活も立ち行かなくなります。

何をする？

とにかく職に就くこと。最初はパートからでも、将来的に正社員を目指しましょう。正社員になれば、社会保険に加入でき、厚生年金の額も増やせます。介護はデイサービスなどを使えば、在宅介護をしながら仕事との両立も可能に。

介護と仕事の両立で自身の老後にも備える!

選り好みせずに今すぐ再就職を介護は使えるサービスをフル活用しよう

介護離職をしてしまうと、無職状態になり、収入を絶たれるリスクがあります。今はお母さまの年金と預貯金でやりくりができていても、親の介護が終わった時の収入減とご自身の生活について考えておく必要があります。

まずはとにかく職に就くことをおすすめします。58歳からの就職活動では希望通りの職を見つけるのは難しいかもしれませんが、ここは選り好みをせず、**職種を広げて探してみる**ことです。経験がない職種でもハローワークなどで相談してみると新しい道が開けるかもしれません。

待遇は、まずはパートからでもOK。将来的に正社員を目指し、なるべく長く、できれば70歳まで働く覚悟で頑張ってみましょう。

正社員になれば社会保険に加入でき、厚生年金の受給額も増やすことができます。また傷病手当金も出る働き方をすれば、万が一病気になった時にも安心です。

お母さまの介護は、例えば日中は小規模多機能型居宅介護を利用し、介護保険サービスや自治体独自のサービス等の使える仕組みをフル活用して、介護と仕事の両立を目指しましょう。担当のケアマネージャーがいる場合は、**仕事との両立が可能なケアプランの作成**をお願いし、いない場合は、まずは地域包括支援センターに相談をするとよいでしょう。とりあえず在宅以外での介護の体制を整えて、自分は昼間働く、という生活スタイルを目指して、介護と再就職の情報をリサーチすることから始めてみましょう。

介護離職は社会からの孤立ももたらします。介護保険サービスなど使える制度を活用して、ご自身の生活や将来を守ることにも意識を向けてください。

A子さん

「やるべし」3ヵ条

1. まず勤務先を得て働く
2. 母の世話は介護サービスをフル活用
3. 正社員を目指し社会保険に加入。70歳までは働くつもりで

case 2

B子さん　離婚・専業主婦

おひとりさま目前の私はどうしたらいい？

PLOFILE

B子さん

48歳・専業主婦。子どもなし。夫の転勤に伴い、全国を転々として20年間専業主婦。最近夫が浮気をしているようで、私との離婚を考えている様子。

お悩み

22年間連れ添った夫が最近浮気をしているようで、私との離婚も考えていることが発覚。長年働いておらず、離婚後どうやって生きていけばよいかわかりません。結婚前に貯めた預貯金300万円だけが頼り。

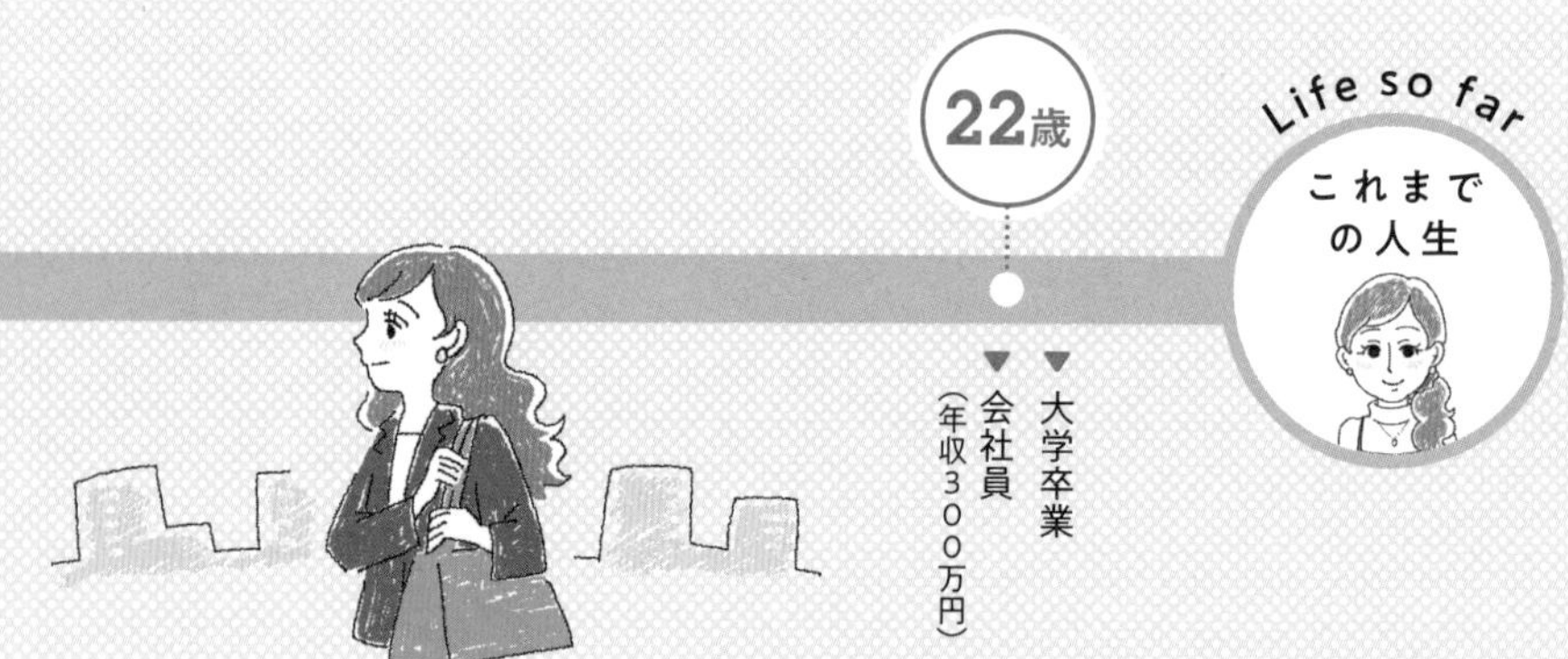

井戸先生'S  ADVICE

このまま夫への疑惑を放置していると、ある日突然、本当に離婚を切り出されてしまう可能性もあります。準備のないまま離婚話に突入してしまうと、夫の言いなりの条件をのんでしまい、無職のままおひとりさまになる恐れも……。

何をする？

離婚をするなら準備が大事です。夫の浮気の証拠を持っておく、また財産分与、年金分割など戦略的に動けるようリサーチを。離婚後の生活も考え、今すぐにでも家でできる仕事を始めたり、スキルを身につけておきましょう。

離婚する・しないにかかわらず自分の人生を歩むきっかけに

自立した生活を目指しアピールできるスキルを身につけよう

離婚をする可能性があるなら準備が大事です。離婚が現実になった時に備えてリスクマネジメント力をつけておきましょう。

まずは話し合いになった時、有利になるように、**夫の浮気の証拠を集めておく**とともに、自分自身の落ち度についても冷静に考えてみること。慰謝料は離婚の理由により金額は変わってきますが、昨今の傾向から、たとえ相手に非があっても、ほぼもらえない、またはもらえても離婚後の生活を支えるまでの金額は支払われないと思っていたほうが無難です。慰謝料はあてにせず、その分、夫の財産分与や年金分割などを受け取るために、十分にリサーチをしておきましょう。

離婚後の生活についても、シミュレーションをしておくことが大切です。住まいはどうするのか？　家はもらえそうか？　実家に戻れるのか？　一人暮らしをするのか？　収入はどうするのか？　一カ月の生活費はどのくらいを想定しておけばよいのか？　など、**一人になった時の具体的な生活スタイルについても考えておく**ようにしましょう。

また、離婚をした場合、自立した生活を送るためにも再就職をする必要があります。専業主婦歴20年の方が、長いブランクを経て再び社会で働くのは簡単ではないかもしれません。ですが、自分の得意分野を見つけ、少しずつでもスキルを磨いていけば、求職の際のアピールポイントにもなります。まずは在宅でできること、さらに派遣社員に、将来的には正社員に、と長期で働けるようにできるといいですね。

離婚する・しないは結果論です。これを機にこれまでの生活を見直し、自分の足で歩む人生を始めるきっかけにしましょう。

「やるべし」3ヵ条

1. 離婚を想定し準備を始める
2. 求職の際にアピールできる自分の得意分野を見つける
3. 離婚後の生活についてリサーチをする

case 3

C子さん 独身・実家暮らし

貯金ゼロの私はどうしたらいい？

PLOFILE

C子さん

52歳・派遣社員。独身。大学卒業後ずっと実家暮らし。37歳の時に1年間ワーキングホリデーを体験。帰国後は派遣で働く。貯金はしていない。

お悩み

実家暮らしでも家にお金は入れておらず、収入は全部自分のお小遣い。年に数回の海外旅行と飼い犬のコンテスト出場代などに使ってしまい、貯金はゼロ。両親が80代になり、この生活を続けてよいのか不安。

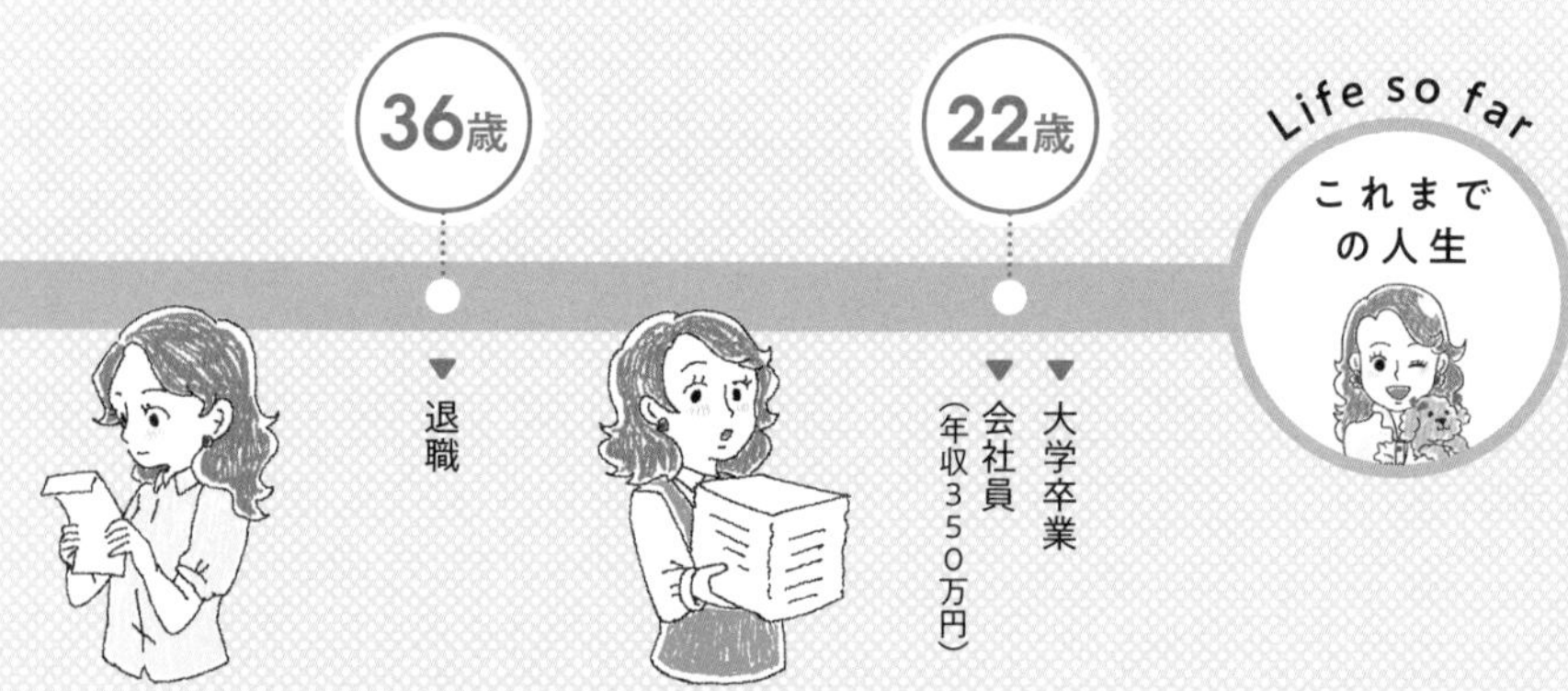

井戸先生's ADVICE

このままだと…

80代のご両親の介護が始まった場合、親の年金収入でまかなえるのかどうかが問題です。できない場合、あなたが負担するという最悪のシナリオも……。また、貯金ゼロのままではご自身の老後の生活も厳しいものになりそうです。

何をする？

ご両親の介護に備えて、親の年金収入と資産の額、預金通帳など大事なものがどこにあるかを確認しましょう。次にご自身の金銭感覚の見直しを。自分の収入と支出を把握して、自動積立定期預金などを利用して貯蓄を始めましょう。

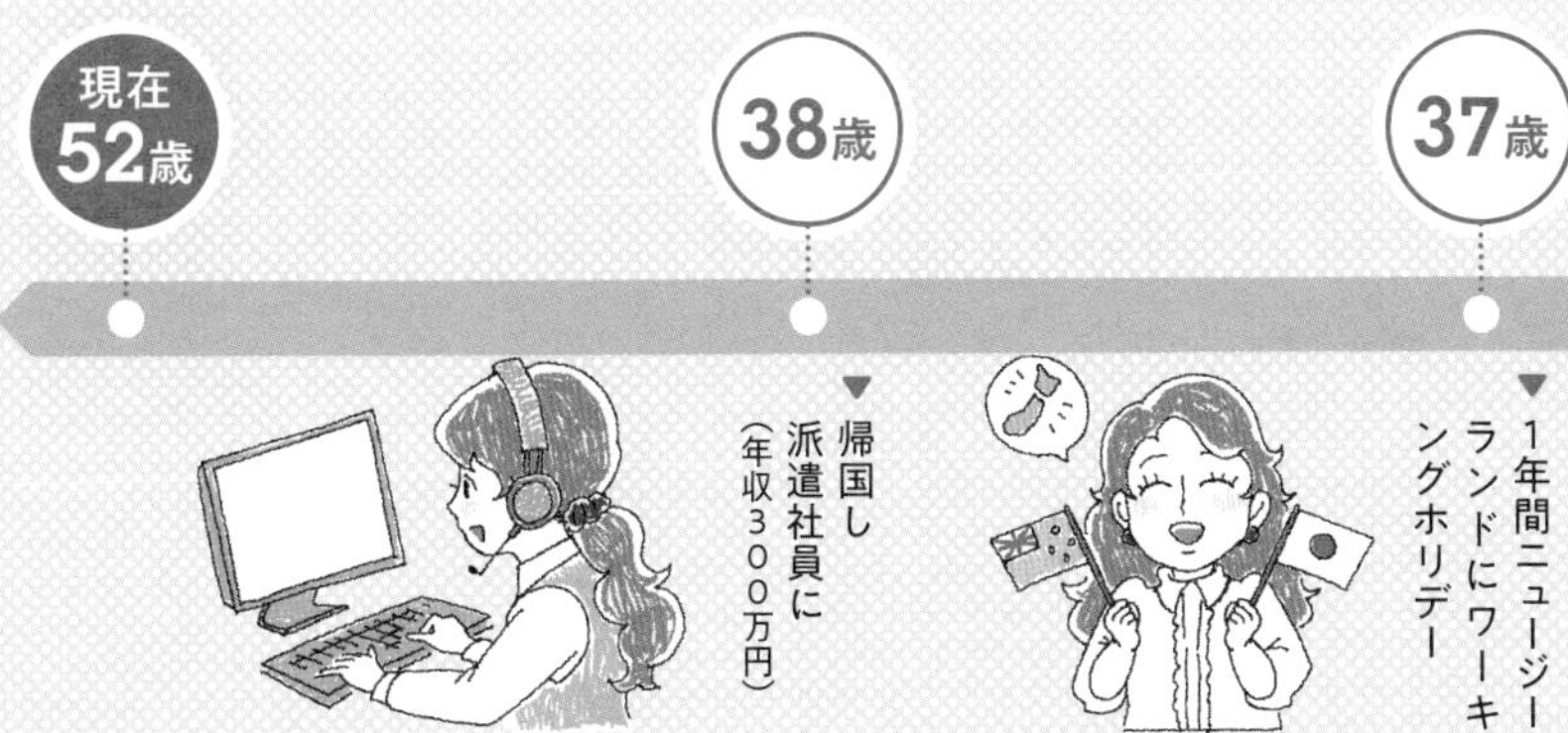

両親の介護と自分の老後に備え 金銭感覚を改める努力を

貯蓄をする習慣を身につけるとともに無駄なモノや人とのつき合いも整理

ずっと実家暮らしで、生活費もかからず、自分の収入は全部使い切ってしまう生活は、親の介護によってある日突然、終わりがやってきます。ご両親はもう80代、その日が、明日やってくるということもあり得ます。

親御さんに十分な年金収入や資産があれば安心ですが、足りない場合、あなたが負担することになります。今のままのキャリアでいいのか、何か自分でできないか、同時に自身のキャリアの見直しも必要かもしれません。

まずやるべきことは、ご両親の財産を調べること。親子間でお金のことを話したがらない人も多いですが、ご両親も80代、そろそろ**きちんと親子で話しておく**ことが必要でしょう。親御さんがご自身のお金でこれからの老後の生活を最後までまかなえるのかどうかを確認し、足りなければ即対策を練る必要があります。

また、親の介護が終わった後、心配なのはご自身の金銭感覚です。貯金ゼロのまま老後を迎えるのは、かなりのリスクです。収入から貯蓄を先取りして、残ったお金で暮らす習慣を身につけることが大切です。

それには自動的に貯蓄ができる、自動積立定期預金やiDeCoなどを始めてみるのもおすすめです。まずはご自身の収入、支出をしっかり把握するために**家計簿をつけてみる**のもよいでしょう。

お金の使い方とともに、不要なモノやつき合いたくない友人などに囲まれていないか、一度見直してみることも必要です。不用品はフリマアプリで売り、売上金は貯蓄へ。人間関係も整理し、惰性のつき合いをやめれば交際費の節約につながり、同時に心もすっきりするはずです。

C子さん

「やるべし」3カ条

1. ご両親の年金収入と資産を確認
2. 先取貯蓄を始める
3. モノや人とのつき合いを見直す

case 4

D子さん　独身・正社員

病気が心配な私はどうしたらいい？

PLOFILE

D子さん

44歳・正社員。独身。賃貸マンションに一人暮らし。大学卒業後、同じ会社で働く。親は遠方に住んでいて援助は期待できない。貯金は600万円ある。

お悩み

自分と同じように、独身で一人暮らしの同世代の友人が最近がんになり、闘病生活が金銭的にも大変そうで、急に心配になりました。まずは安定した資産を持ちたいと思い、家を買おうかと迷っています。

井戸先生's ADVICE

このままだと…

おひとりさまが賃貸住宅に住み続ける場合、心配なのはシニアになってから。一般的に高齢者の一人暮らしは、経済面、健康面のリスクから大家さんから入居を敬遠されやすいのが現状。特に定年後は住まいが見つかりにくい可能性も……。

何をする？

家の購入の前に、まずは年収と貯蓄のアップを考えましょう。管理職を目指す、転職をするなど方法はいろいろ。また家を買う場合は①フルローンで買わない、②20年後に確実に売れる物件にする、という２点を条件にしましょう。

▼友人ががんで闘病。自分も不安になり安定を求め、家を買おうか悩む

家を買う前に考えたい自身の年収アップの道

まずは収入アップを狙って しっかり貯蓄額を増やしていく努力を

家を買うことは、安心にもつながりますが、小さなマンションでも都市部では3000万円くらいはします。40代のおひとりさまが家を買うなら、フルローンで買うのは危険です。例えば3000万円の物件の場合、頭金は800万円くらい用意して、返済額に負担感が出ないようにしましょう。

実家など定年後に帰る家があるのなら、**20年後に売れる可能性の高い家を買う**ことも大事です。行き当たりばったりでの住宅購入は失敗につながるので、物件選びはくれぐれも慎重にすることをおすすめします。①フルローンで買わない、②20年後売却できる物件を選ぶ、この二点の条件をクリアすれば、家の購入も前向きに考えてもよいと思います。

家の購入を検討する一方、ご自身の収入をアップさせることにも目を向けてみましょう。資格を取って職能給を上げる、管理職を目指す、専門スキルを磨いて転職するなど、現在の収入から少しでも収入増を目指し、定年までにしっかり貯蓄額を増やしておくことをおすすめします。

おひとりさまが大きな病気を恐れるのは当然のこと。高額な医療費がかかった場合、上限が決まっている公的な医療保険制度もありますが、特にがんに対して手厚く備えておきたいと思うのなら、がん保険の加入を検討してみるのもよいでしょう。

病気になると仕事を辞めなくてはいけないなど、不安もつきまといます。それも「何があっても私にはこれがある！」と思えるような自信を持てる何かを見つけることで、少しは解消されるのではないでしょうか？　例えば新たな資格取得や趣味など、**前向きになれる〝自信〟を手に入れる**ことも大切です。

「やるべし」3ヵ条

1. 年収アップのためのスキルを磨く
2. 貯蓄を増やし家購入の頭金を用意する
3. がん保険の加入を検討する

case 5

E子さん　シングルマザー・パート

ひとり親の私はどうしたらいい？

PLOFILE

E子さん

44歳・シングルマザー。４年前に離婚し、子どもとふたり賃貸マンションに暮らす。養育費は滞納され、スーパーのパート収入でやりくりしている。

お悩み

飲食店の料理人をしていた夫は、お酒好きで、貯蓄は50万円と、ほとんどありませんでした。養育費も２年目以降ずっと滞っています。子どもが中学にあがるので、教育費も徐々にかかると思うとこの先不安です。

井戸先生's ADVICE

中学生以降さらに教育費はかかります。子どもが大学進学を希望した場合、受験料や入学金など、授業料以外の負担を考えておく必要も……。このままの貯蓄額では子どもの将来の選択肢を狭めてしまうことにもなります。

何をする？

毎月の収支を確実に把握すること。「児童扶養手当」と「児童手当」は貯金に回せるようにするなど、今後の教育費対策を。また自治体実施のひとり親世帯への支援を活用すると同時に、自身の収入アップの道も探りましょう。

教育資金と自分の老後のためにキャリアチェンジの検討も!

収支の把握と支援策のフル活用を。収入アップのための新たな挑戦もあり

ひとり親世帯として最も心配なのは、子どもの教育費の確保。毎月支給されている「児童扶養手当」「児童手当」はできれば生活費に回さず、教育費として貯めておきたいところです。

そのためにも、まずは毎月の収支を確実に把握すること。毎月家計が回っているのかなどをきちんと確認をし、その上で教育資金対策をたてましょう。

自治体が実施している、**ひとり親世帯への支援策はすべて活用できているかも確認**を。例えば住宅提供や水道料金などの補助を出す自治体もあり、これを利用すれば生活費の負担も軽くなります。また昨今では就学支援金制度や奨学給付金、高校、大学の無償化など、子どもの今後の教育費についても支援が受けられる制度が多くあります。

まずはお金をかけなくてもできることを把握し、使える制度については情報収集を念入りにし、取りこぼしのないようにフル活用しましょう。

同時に考えたいのはご自身のキャリアと収入アップ。今の職場で正社員を目指す方法もありますが、一度退職し、失業給付をもらいながら職業訓練校に通

ったり、キャリアアップセミナーなどを受講して、**新たな職種へのチャレンジを考える**のも一つの方法です。将来的に正社員になり、厚生年金に加入することができれば、子どもに遺族厚生年金も残すことができます。自分に万が一のことがあった場合や子育て終了後の自分の老後のためにも、今の段階で収入アップとキャリアアップへの努力をしておくことは大切です。

お子さんは今度中学生とのことなので、お金のこともわかってくる年齢だと思います。一緒に家計のことも考えていけるといいですね。

「やるべし」3ヵ条

① 毎月の収支の把握を確実に

② 使える支援制度を再確認

③ キャリアチェンジで収入アップを

case 6

F子さん 未亡人・継続雇用

浪費癖が抜けない私はどうしたらいい？

PLOFILE

F子さん

62歳・２年前に夫が急死し未亡人。定年後、継続雇用で働いている。息子も独立し、ローンを完済した家で一人暮らし。預貯金は3000万円。

お悩み

趣味の旅行や買い物に散財してしまいます。特に月に１回の軽井沢旅行での買い物はやめられません。自分の退職金1500万円も今は1000万円に……。これからのおひとりさま人生、大丈夫でしょうか？

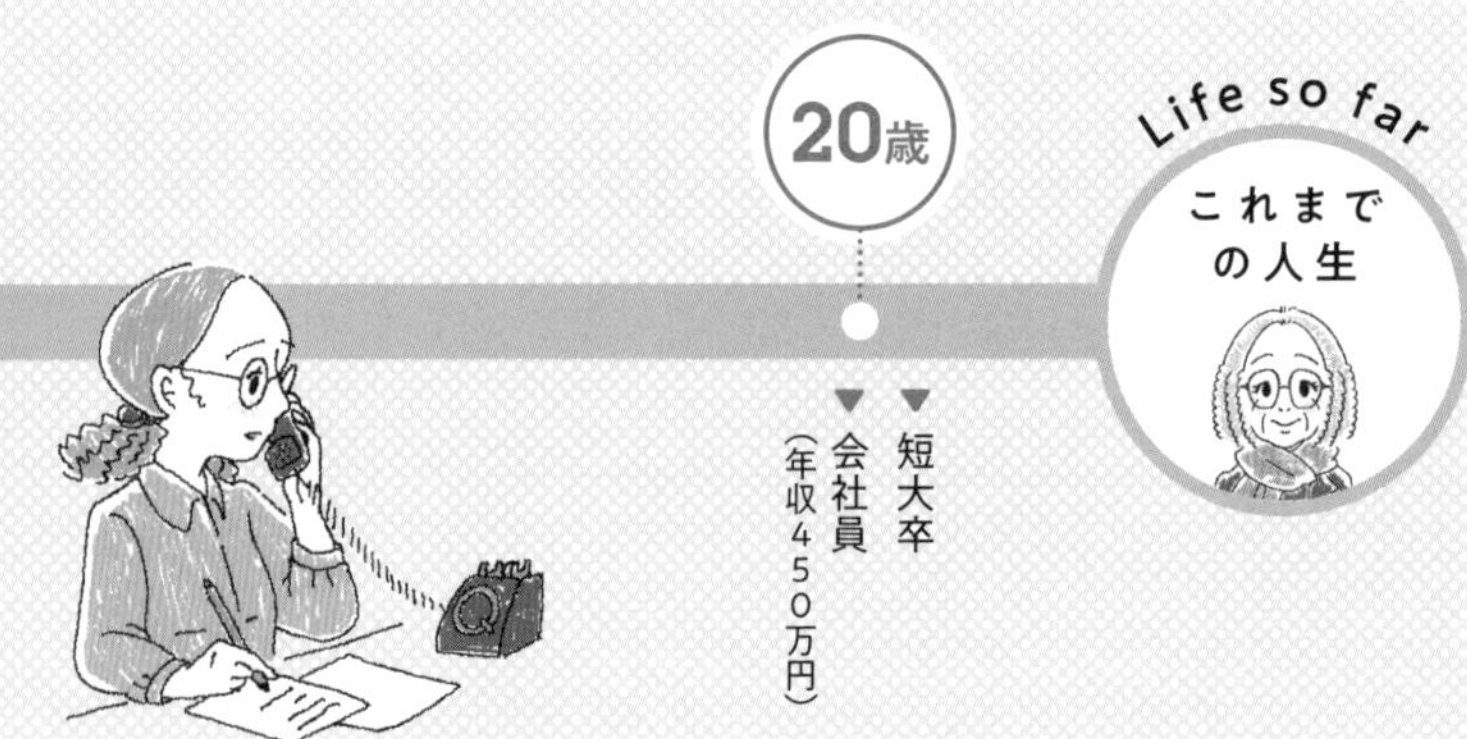

井戸先生's  ADVICE

趣味の旅行や買い物で退職金が２年間で500万円も減ってしまったことを考えると、預貯金が底をつくのもあっという間です。将来、介護施設への入居など、本当に必要な時にお金が足りないという事態にもなりかねません。

まずは収支の管理を。本当に毎月軽井沢旅行に行って、買い物をする余裕が自分にはあるのか？　月々に出ていくお金を予算化して考えてみましょう。また現在の資産は定期預金や国債などにし、介護費用としてキープしておくこと。

▼定年退職
▼継続雇用（年収250万円）
▼夫死亡・未亡人に

人生100年時代
お金も長生きさせる努力を

出ていくお金をきちんと予算化
預貯金は65歳まで使わないルール決めを

長年の共働きで身についた贅沢は、すぐに矯正するのは難しいもの。ですが、これから続くおひとりさま人生のためにも、お金の使い方について考え直すことが必要です。

まずは毎月の収支をしっかり管理することです。月々に出ていくお金をきちんと予算化し、散財を防ぎましょう。それにより毎月軽井沢で買い物をする余裕が本当にあるのか、行くとしても毎月ではなくどれくらいの頻度ならよいのか、などが見えてくるのではないでしょうか。

次に資産管理の見直しを。夫の遺産3000万円は全額預貯金にし、自分の介護費用として残す気持ちで、65歳までは一切、手をつけないなどルールを決めましょう。例えば夫の遺産3000万円のうち、1000万円は定期預金に、残り2000万円は変動金利型10年満期個人向け国債に、自分の貯金はいざという時の特別費として定期預金にするなど、**すぐに引き出せない工夫をする**と無駄使い防止になります。さらに老後の資金づくりのために、つみたてNISAを始めたり、自分の老齢基礎年金の受給年齢を繰り下げるなど、お金を長生きさせる方法も合わせて考えてみると安心です。

お金のことともに、**終のすみかについてもそろそろ考えておく**のによい時期です。その際、子どもには子どもの生活があるので、独立した息子さんのことはあてにしないこと。今の住まいが一人では広すぎて、メンテナンス代や光熱費が無駄にかかっているようでしたら、コンパクトな住居への住み替えを検討してもよいでしょう。同時に介護施設や老人向け住宅などの情報も収集し、老後の生活のシミュレーションを具体的に始めてみるのもアリです。

F子さん

「やるべし」3ヵ条

1. 月に出ていくお金を予算化
2. 夫が遺した資産は定期預金、変動10年の個人向け国債にし、65歳まで手をつけない
3. つみたてNISAを始め、老齢基礎年金は繰り下げ受給する

私はなぜ、ファイナンシャルプランナー（FP）になったのか

私が社会保険労務士となったのは30代のはじめで、FPになったのは30代の半ばです。現在の私の基盤は30代にスタートしたことになります。

社会保険労務士となったのは、高齢化社会の到来とともに年金に関する分野での仕事に携わりたいと思ったことが発端です。社会保険労務士事務所を開設しましたが、何か物足りなさを感じていました。現在からは信じられないのですが、当時は金融の自由化がそれほど進んでいない状況で、金融の分野に地殻変動が起こるという予感がありました。特に国境を超えた資本移動の自由化の分野に関心がありました。

2000年に私は『ファイナンシャルプランナーになろう！』という本を書き、プロローグ「FPの深い森へようこそ」の中で、個人と国、そしてFPを樹木と森、鳥の関係にたとえました。個々の樹木の集合によって森は成り立ちます。その樹木の間を飛び回り、そして森の間さえ飛び回るのが鳥たち、つまりFPです。おもしろそうではありませんか。

私は神戸の六甲山にある森林植物園の近くに住んでいます。数多くの野鳥がいますが、それぞれ外見も鳴き声も個性があります。そして、それなりに美しく楽しいのです。森に住む鳥たちと同様に、人々、国々を飛び回るFPになりたい。

私がFPになったのは好奇心、憧れ、そして自由だからです。

（井戸美枝）

第1章

今からでも遅くない！

「40代」「50代」「60代」「70代」おとな女子のやるべき5カ条

フル回転時代

- ☑ これまでのキャリアを見直しスキルアップ
- ☑ 転職や起業を検討しているなら行動を
- ☑ 家計の見直し
- ☑ 老後の生活に向けて投信積立を始める
- ☑ 将来を見据えた家選びをする

キャリアUPして
老後資金を
積み上げます!

黄金時代

- ☑ 可能なら投信積立の額を増やす
- ☑ 本当に必要なものだけを買い、支出を減らす
- ☑ 60歳以降の働き方を考える
- ☑ ねんきん定期便の確認
- ☑ 親の介護の準備

60歳以降の働き方は
どうしよう?
親の介護も気になる…

50代

老後シフト期代

マイペース時代

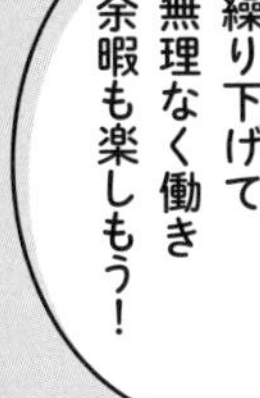

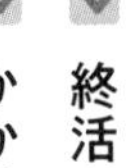

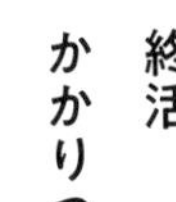

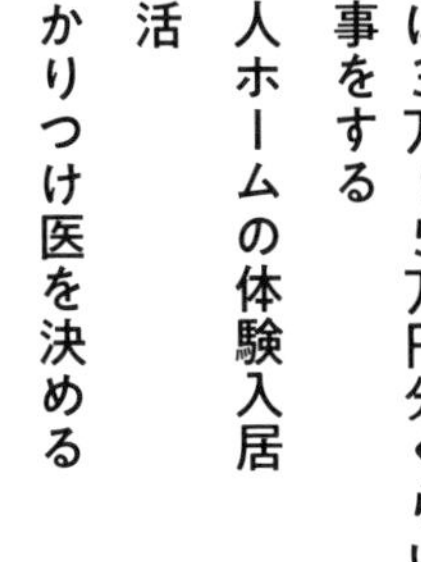

年金受給は
繰り下げて
無理なく働き
余暇も楽しもう！
老後生活突入！
小さな暮らしで
ハッピーに
過ごそう！

70代

- 月に3万～5万円分くらいの仕事をする
- 老人ホームの体験入居
- 終活
- かかりつけ医を決める
- 前向きに楽しく過ごす

60代

- 働き方の見直し
- 生活のダウンサイジング
- 親の介護・相続のプランの具体化
- 公的年金受給を繰り下げる
- 人やモノの整理

これからの人生は「40代」「50代」「60代」「70代」の四つに分ける

どんな人生を送るのかイメージすることで資産づくりのプランもより具体的に！

人生100年時代といわれる今、40代以降の人生はまだまだ長く続きます。寿命が長くなる分、お金の準備は不可欠となりますが、これからどんな人生を送りたいかをイメージすることで、より具体的なプランを立てることができます。そのためには、まずは40代以降の人生を四つに分けて考えてみましょう。

「40代」は仕事も人生も充実した時期。豊かな老後のために、この時期の過ごし方が最も大切となります。転職や再就職する可能性も十分あります。自分のスキルを磨く、キャリアチェンジなど、収入アップにつながることはもちろん、これからの人生で長く続けられる仕事と出会えるかも重要となります。

お金に関する知識も深めておくこと。お金を自由に使えるおひとりさまなら浪費に注意し、iDeCoや、つみたてNISAを増額するなど、そろそろり

それぞれの世代の過ごし方で人生後半の暮らしは大きく変わる！

タイア後を視野に入れたお金の使い方を意識しましょう。

「50代」は老後資金準備に向けてのラストスパート期。50歳以降「ねんきん定期便」で年金予定額も確認できるので、65歳以降の生活がより具体的にわかってきます。それをもとに家計を見直しておきます。この時期にこれまでと同じような感覚でお金を使っていると、資産が減るスピードは加速します。収入が減る60代以降を見据えて、収入があるうちにしっかり貯めておくことです。

「60代」は働き方をペースダウンしつつ、趣味や楽しみに時間が使える時期です。親の介護に直面しても、できれば仕事は辞めないこと。年齢的に一度辞めてしまうと再就職は難しくなるでしょう。年金を受け取る年齢をなるべく遅くするためにも、仕事は続けたいところです。60代の前半で、家計、保険などのダウンサイジングも必須です。年齢を重ねるとこれらの見直しは億劫になってしまいがち。元気なうちに早めに対処を。

「70代」は年金の受給も始まり、老後生活にシフトしていきます。終活を始めたり、終盤期の生活について具体的に動く時期です。人生100年と考えた場合、まだ人生は続きます。70代以降は細かい無駄に気をつけながら、小さな暮らしを穏やかに楽しむ、そんな過ごし方をイメージしましょう。

おとな女子が一生を元気に楽しく過ごすための「5つの心得」を提案します。

高齢化が進む日本では、医療や介護を支える社会保険の負担は、今後徐々に増えていきます。社会保険だけに頼って生活するのは難しいのが現実です。退職後のお金に関しても、公的年金だけを頼りにするのではなく、自分で準備をすることが大切です。そのためにも**生涯にわたり収入が得られるスキルや仕事を持つこと。**少しでも長く働き続けることで、生活や気持ちにも張りが出て、毎日をいきいきと過ごせるようになります。

また**常に収入の範囲で暮らす生活スタイルにすること**も大切です。これは60代以降すぐに身につけるのは難しいかもしれません。40代、50代から少しずつでも意識しておくといいでしょう。

何かあった時に頼りになるのは、ご近所さん。地域に親しむ努力をして、**仲間をつくっておく**と安心です。

年齢を重ねれば、自分にとって大切なことが見えてきます。周囲の意見などに流されず、自分の目でしっかり物事を判断する力を持ちましょう。

ぜひ、この5つの心得を実践して、まわりに迷惑をかけない一生を過ごし、自分らしく穏やかなゴールを目指しましょう！

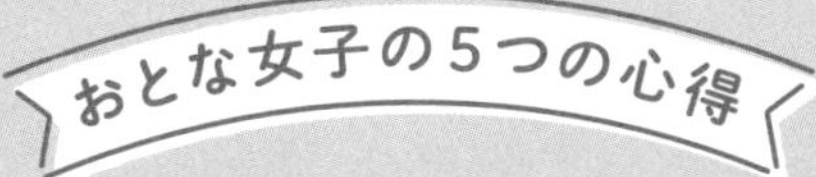

100歳まで元気に楽しく
まわりに迷惑をかけずに過ごすのがゴール

生きている間は何かしら仕事をし続けよう！

稼げたほうがよいけれど、仕事はライフワークと心得よう

「お金」とは常に向き合おう

たくさんあればあるに越したことはないけれど、
お金は「限りあるもの」
ある範囲でほどほどに使うことが大切

どこに住むのか考えよう

住む家のことは常に「見直しプラン」を立てておこう

地域に親しむことも大切

サークルに入る、ボランティアに参加するなど、
地域の仲間をつくることで人生後半の生活が潤う

「易不易（変えるべきこと、変えてはいけないこと）」を常に判断

その時々で「変わること」「変わらないこと」は
何なのかを考え、「変わらないこと」を常に大事に。

40代の過ごし方

キャリアやスキルを磨く努力と老後資金を貯め始めるフル回転の時期

家計を整えて無駄の見直しを少しでも貯蓄を増やす習慣を身につける

社会に出て20年以上がたつと、このまま、今の会社にいてもいいのだろうか。定年までこのまま同じ仕事を続けるのだろうかなど、キャリアについて悩む時期が来ます。特に独身の場合、自身の日々の生活を支える収入を得るだけでなく、60歳以降の生活費を、どうまかなっていくかも考えなければなりません。

20代、30代で積み上げてきた自分の〝できること〟を一度棚卸しして、転職をするなどキャリアアップをするのか、まったく違う分野へのキャリアチェンジをするのか、**体力、気力もある40代が決断する最後のタイミング**ともいえます。特に派遣社員や契約社員という立場の場合、正社員を目指すことを本気で考える必要があるでしょう。

60歳以降のマネープランについては、40代で考えないと手遅れになる可能性

生活費と住まいについてプランを考えておく

も。40代で貯金がない、ほとんどないという人は要注意です。老後の生活を意識して、少しずつでも貯蓄額を増やしていくことが必要です。

まずは家計を整えること。月々の収入と支出を把握し、**無駄使いはないか点検を。**ついつい使ってしまう癖がある人は、月5000〜1万円でも積立投信などを始めてみましょう。運用は期間が長いほど有利です。40代は出費の多い年代ですが、今からでも積み立てをする習慣づけをしておくとよいでしょう。

また、誕生月にくる「ねんきん定期便」を見て、自分が65歳以降にいくらの公的年金を受け取れるのかを、知っておく必要があります。試算してみると、思いのほか少ないことがわかります。老後の生活費のベースは公的年金です。その金額を把握して、収入がアップしても生活のレベルを上げず、貯蓄額を増やすといった意識を今から持つことが大切です。

生活費と同時に考えておきたいのは〝住まい〟です。購入か賃貸かの選択は迷うところですが、**家を買うならローンのことも考えて40代で実行**しておいたほうがベター。頭金を払う貯蓄額がしっかりある、または親から援助が受けられる、など住宅ローンの負担感が軽減される条件が揃えば、購入を検討してみてもよいでしょう。

親の介護を視野に入れた住まい選びも必要に

退職後どこで、どんな住まいに暮らすのか？50代以降に向けて物件探しの条件にも変化が

家は購入せずにずっと賃貸に住むと選択した場合、頭に入れておきたいのは老後のこと。民間の賃貸住宅は経済面、健康面のリスクから一人暮らしの高齢者を敬遠する傾向にあります。申し込み資格に年齢制限を設けていないUR都市機構の賃貸など、**高齢になってもずっと住めるかどうか、住宅選びの際に意識しておく**のもよいでしょう。

また購入でも賃貸でも退職後の生活をどこで過ごすのか、住む地域も考慮しておく必要があります。年代的に親の介護も気になり始める頃です。実家に通いやすい場所にしておけばよかったと後悔するケースもあります。

すぐに駆け付けることができるよう、実家と同じ地域にしておくと、いざ介護が始まった時にも慌てて引っ越しなどをする必要もありません。賃貸ならまだ身軽に動けますが、購入の場合、売却など大きな手間が生じることになります。これまでは職場に近いという利便性を優先してきた人も、**50代、60代に向けて住まい探しの条件を変えていく**ことが必要となってきます。

元気だと思っていた親も気がつけば高齢者。いつまでもサポートをしてくれ

る存在ではないことを心にとどめておきましょう。ある日突然、介護は始まります。慌てないためにも40代から、そろそろ家族で介護のことなど話し合っておいてもよいかもしれません。

COLUMN 1

スキルアップを実行し介護離職を回避

東京で20年以上書籍関係のグラフィックデザインの仕事をしていました。46歳の時に父が他界し、地方の実家に母が一人になってしまいました。母は足が悪いため、一人で暮らすにはやや不安な状態でした。姉が二人いますが、それぞれ結婚し県外にいるため、話し合いの結果、独身の私が実家に帰り、母と暮らすことに。実家に帰っても仕事を続けるためには、スキルをアップする必要があると思い、プランを練りました。帰る前に準備期間として半年もらい、WEBのデザインの仕事を覚えるため、派遣会社に登録。WEBの仕事が未経験でも採用してくれる会社を紹介してもらい、半年間でひと通りマスター。それが武器となり、地元で即デザイン会社に採用され、仕事を続けることができました。東京を離れるにあたり寂しい思いはありましたが、今では子どもの時には気づかなかった地元のよさを実感できています。
（グラフィックデザイナー・川上寛子さん〈仮名〉）

長く稼げる力のための土台づくりをしておこう

起業や再就職など新たな挑戦がキャリアアップ・収入アップにつながることも

子育てや家事に追われ、社会から離れていた人が離婚や死別でおひとりさまになった場合、まず考えたいのは仕事のこと。長いブランクがある、パートやアルバイトの非正規雇用しか経験していない、そんな人でも40代ならまだまだキャリアアップできるチャンスはあります。

コロナ以降、在宅ワークが広がるなど、働き方にもバリエーションが増えてきていますが、長いブランクがある人が、いきなり在宅で仕事をするのは、よほどのスキルがないと難しいものです。自分の得意分野は何か、どの分野でならスキルが磨けそうか、などを見極めるためにも、**まずは組織の中で働いてみること**をおすすめします。

そのためにはハローワークでの相談や公共の職業訓練制度を活用したり、また民間の派遣会社に登録をするなど、再就職のためのアクションを起こしてみましょう。派遣会社に登録をすれば、ＰＣ操作などのビジネスに必要な訓練も受けることができます。

50代以降、未経験の業種、職種で再就職をするのはさらに難しくなります。

可能性がまだ高い40代のうちに、一歩踏み出してみましょう。

「転職35歳限界説」というのは、もはや昔の話。近年は40代以降の女性の転職は増加傾向にあります。特にフル回転世代の40代は、転職はもちろん、起業や再就職など新たなことへのチャレンジをすることで、キャリアアップ・収入アップを目指していける時期です。ゆくゆくはそれが一生、生活の土台になるとともに、この時期に身につけたスキルや知識は、年齢を重ねた時の自分の武器となるはずです。

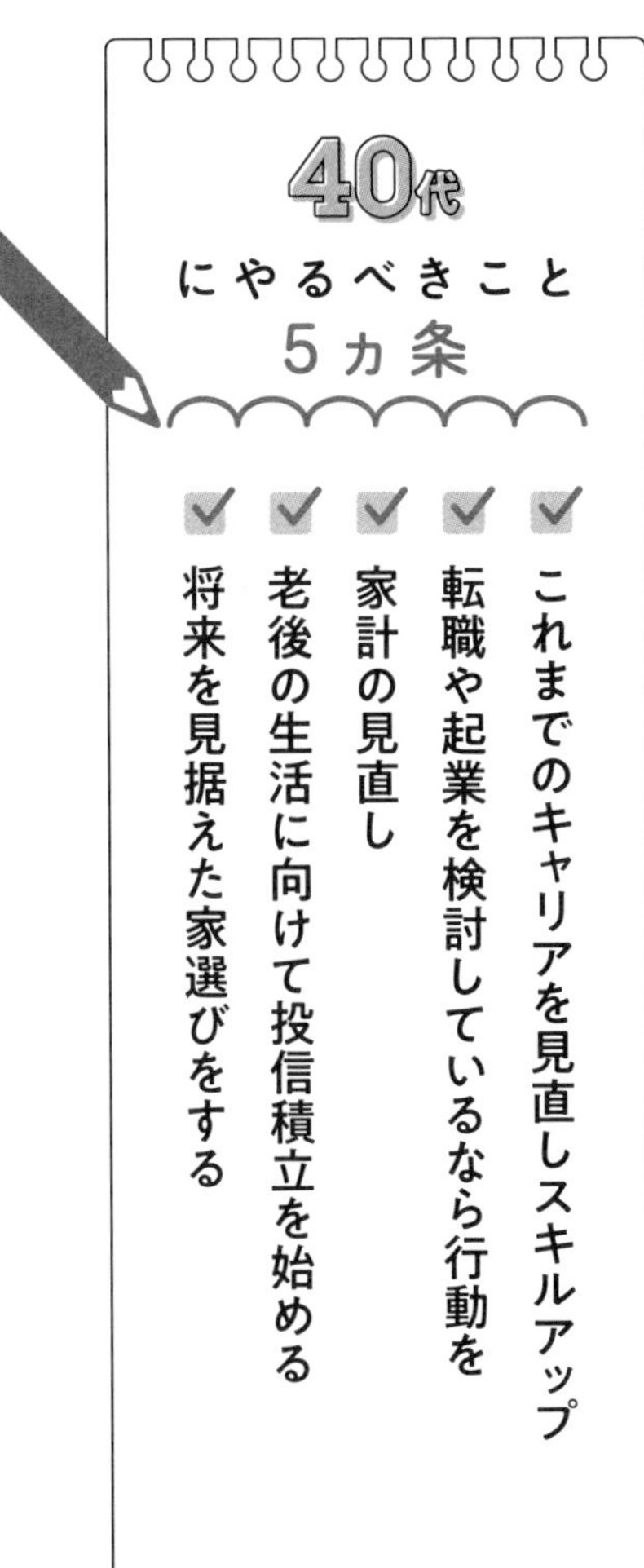

40代
にやるべきこと
5ヵ条
これまでのキャリアを見直しスキルアップ
転職や起業を検討しているなら行動を
家計の見直し
老後の生活に向けて投信積立を始める
将来を見据えた家選びをする

50代の過ごし方

老後生活前のラストスパート 年金の確認や親の介護の準備を！

退職前の助走期間として 60代以降の仕事探しのリサーチを

50代以降は毎年誕生月に送られてくる「ねんきん定期便」に将来の年金の見込み額が記載されるようになり、60代以降の生活がリアルに感じられてくる世代。確認しておきたいのは老後資金の準備です。**将来の年金の見込み額と65歳時点での資産で老後の生活がまかなえそうか試算**してみましょう。足りない場合は、可能であれば積立の金額を増やしていきたいところですが、50代で収入アップをするのはほとんどの人にとっては難しいこと。その場合、少しでも支出を減らすことが必要です。

まだ生活に余裕のある50代のうちに、**毎月の収入・支出を費目別に細かく見直し**てみましょう。これまで買っては失敗していたモノなど、50代になればわかってきます。自分に本当に必要なモノを見極められれば、いらなかった支出

老後資金が見えてくる時期 足りない分は対策をたてる

をどんどん減らせるはずです。例えば退職後の生活費を3割減らしたい場合、毎年3％ずつ、10年かけて30％減らしていく方法が理想的です。今からでも生活費を削減する努力を少しずつでも習慣づけていきましょう。

仕事面では、多くの人が社内で非・管理職として、若手をサポートする役目を担ったり、一線から少し離れたポジションにつくことになります。時間にも余裕が出てくる分、考えておきたいのは退職後のこと。再雇用制度は利用できるのか、これまでのキャリアを生かして再就職をするのか、新たな挑戦をするのかなど、**50代の時期を退職前の助走期間としてリサーチをしておく**ことも必要です。副業を推奨している会社なら、隙間時間に試しに自分のスキルを活かして、新たなことに挑戦してみるのもよいかもしれません。

これから転職やキャリアチェンジを考えているなら、50歳以降の再就職は男女問わず厳しいのが現実。ですが、職を選り好みしなければ、いろいろと道は開かれています。例えば介護職や家事代行サービス、保育分野など常に人手不足で、なおかつ女性が働きやすい職種ならば可能性はあります。最初はパートやアルバイトなど非正規でも、働き続ければいつか正社員になるチャンスもめぐってくることでしょう。

仕事以外の楽しみを見つけ 60代以降もハッピーに!

運動量を意識した生活スタイルで骨と筋力低下の防止に備える!

50代は更年期もあり、体調がすぐれなくなる人も多い時期。気分転換も兼ねて、**長く続けられる趣味やそれに関連した友人関係をつくる**のも大切です。この時期から仕事以外に心を充実させるものをつくっておくことで、60代以降の生活がぐんと楽しく、ハッピーなものになります。

趣味がない！　という人は、子どもの時に好きだったこと、得意だったものなどを思い出してみることから始めてみましょう。もしかしたら苦手だと思って遠ざかっていた趣味も、今やってみたら案外楽しかった、ということもあります。大人になって新たな友人関係を築くのは難しいですが、趣味を通じてなら、そう難しく考えることもなく、関係を築けるのではないでしょうか。

スポーツでもよし、インドアな趣味でもよし、アイドルの追っかけでもよし、仕事以外に夢中になれるものを見つけると世界が広がります。

またスポーツが苦手という人も、この時期から**何か体を動かす習慣をつけておく**ことが大切です。球技やマラソンなどハードな運動ではなく、例えばウオーキングなどでもOK。60代以降は骨と筋力の低下が一気に訪れます。スポーツジムに通わなくても、例えばエレベーターではなく階段を使う、一駅歩いてみるなど、日ごろのちょっとした習慣で運動量を積み重ねていく程度でもかなり変わってくるはずです。

COLUMN 2

わたしの50代

50歳。東京にマンションを購入しました。

神戸と東京を往復して仕事をしています。東京を仕事の拠点とし始めた約10年間は、賃貸マンションと貸しオフィスで仕事をしていましたが、ある日ふと、年間半分くらいしかいない東京で、2箇所分の家賃を払い続けるのは無駄ではないか、と思い始めました。

49歳の時に受けた人間ドッグの結果も影響しました。がんの疑いで再検査になり（後に間違いとわかりました）、結果がわかるまでの間、もやもやする気持ちを抱えたまま、いろいろなものを整理しました。服を譲ったり、資産の整理、口座の閉鎖などの終活です。

思えばその頃は、家賃や人件費を払うことがプレッシャーになってきていて、気が進まない仕事もしていました。更年期が始まっていたのも重なり、ゆっくり体と気持ちの調整ができる環境がほしかったのも、分譲マンション購入を決めた大きな理由です。

ちょうどお気に入りの物件に出会えたこと、東京にも自宅があったほうが落ち着くこと、子どもが上京した時のことなど条件が重なり、決心しました。

（井戸美枝）

年金の確認や親の介護問題 人生後半の準備が盛りだくさん

親の介護が始まる人が一気に増加 すぐに離職をせずに介護と仕事の両立の道を探ろう

50代になると親の介護が始まる人が一気に増えてきます。

親の介護をする際、**絶対にしてはいけないのは介護による離職**です。在宅介護のために仕事を辞めてしまうと無職状態になり収入源が親の年金のみになってしまいます。介護離職が長引けば長引くほど再就職は難しくなり、親を看取った後の自分の生活が成り立たなくなります。

介護になったらすぐに離職せずに、まずは介護休暇や介護サービスなどの制度について、しっかりリサーチをし、介護と仕事を両立する術を探ってみましょう。

親が遠方の場合は、親の資産でまかなえる介護施設の利用を考えることになります。親子間でお金の話をすることを敬遠する人も多いかもしれませんが、介護はある日突然にやってきます。慌てないためにも、親の資産や希望する介護について、親ときちんと話をしておくことが大切です。

また親の高齢化とともに心配なのは認知症の発症。厚生労働省の調査によると、2025年には65歳以上の高齢者の5人に1人が認知症になるといわれています。認知症になると親の資産管理や相続問題などが困難になってしまいます。元気なうちに、**お金や土地の管理関係はもちろん、墓や葬儀の希望などを確認**しておくとよいでしょう。

老後生活がジワジワと近づいてくる50代。年金未払いの確認や親の介護の準備など、やるべきことは盛りだくさんです。人生後半に向けたラストスパートの時期として、できる限り精力的に活動しておくと、60代以降の生活をスムーズに送れるはずです。

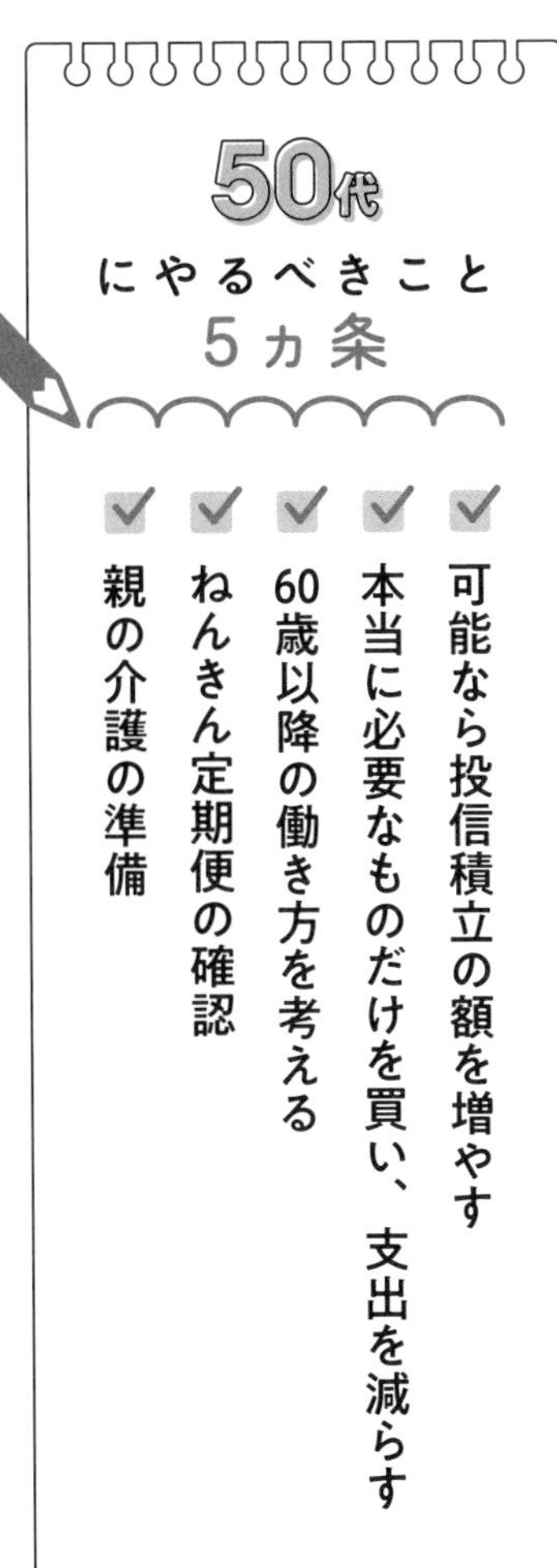

50代
にやるべきこと
5カ条
可能なら投信積立の額を増やす
本当に必要なものだけを買い、支出を減らす
60歳以降の働き方を考える
ねんきん定期便の確認
親の介護の準備

60代前半の過ごし方

セカンドキャリアに向けてさまざまな見直しが必要に！

キャリアチェンジの最後のチャンス新たなことへの挑戦も視野に

60歳で定年を迎える人は、退職金をもらい、会社員としては区切りをつけることになります。ちなみに退職金の受取り方には、一時金で受け取る方法と企業年金で受け取る方法の2パターンがあり、もらえる金額が異なります。税金を考えると一時金で受け取るほうが有利ですが、運用率によっては企業年金で受け取ったほうが得になる場合もあります。事前に退職セミナーなどに参加して、それぞれの手取り額を計算しておくとよいでしょう。

退職金をもらい、これで老後も安心と思ってしまいそうですが、公的年金を受給するまで、まだまだ時間はあります。**60歳以降も再雇用または再就職をし、できるだけ長く働き続けること**が大切です。会社員という肩書がなくても稼げるスキルがある人はいいですが、そうでない人はこれまでのキャリアの棚卸し

会社員生活に一区切り 肩書なしでも稼ぐ力をつける

をし、自分にはどんな強みがあり、それをどう活かせるのかをきちんと把握する必要があります。例えば求人サイトに登録してみるのも一つの手です。経歴や経験、スキルなどの情報を登録することで、自分の市場価値を客観的に知ることができます。

また、これまでのキャリアとはまったく違う職種を考えてみるのもよいかもしれません。例えば事務職だった人が仕事をガラリと変えて、農業の手伝いをする、介護の仕事に就く、といったキャリアチェンジのチャンスもあります。50代よりさらに体力的に衰えを感じる人も多いはず。週に3〜4日、または時短、在宅勤務など、**あまり無理をせず、働き方をペースダウン**することも考えておいたほうがよいでしょう。

雇用継続で働く人は、退職後のことを計画する時間の余裕があります。あれこれ考えるより、周囲に自分のプランを話してみましょう。自然とアドバイスをしてくれる人や助けてくれる人も出てくるはずです。

ＳＮＳやブログなどで、自分の得意分野や趣味について発信してみるのも有効な手段です。スキルや時間を個人で売買するサービスなど、お金の稼ぎ方は多様化しています。退職までの時間を使ってアクションを起こすことが大切です。

70代に向けて生活のダウンサイジングを実行

70代に向けて生活のダウンサイジングを実行

働き方以外にもさまざまな見直しをしておく必要があります。まずは保険です。医療保険や死亡保険、がん保険など、現在加入している保険の保障内容の確認をしておきましょう。例えば死亡保険なら「保障が続くのは何歳までか」「解約した場合の解約返戻金はいくらなのか」などをチェック。長年安心のために続けていたけれど、本当にこの先必要なのか、**保障内容や保険料に無駄はないかなどを再点検**し、必要ならば解約や入り直しをしましょう。

次に見直すべきは**カード類の整理**です。ポイントがつくから、割引があるからと何となくお財布に溜まってしまっているクレジットカード。中には年会費がかかるものもあります。すべて解約してしまうと今度はネットショッピングが利用できないなど、デメリットも生じてしまいますが、所有数は1～2枚くらいにとどめておくと管理も楽になります。賢く管理し、ポイントは効率的にもらう、シンプルなキャッシュレス生活を目指しましょう。

親の介護や相続についてもより具体的なプランを考えておくことが必要です。エンディングノートや遺言書の作成をしてもらうなど、形に残しておいてもらうことも重要です。

親が介護になった場合、兄弟姉妹でどう役割を分担するかなど事前に話し合っておきましょう。おひとりさまの場合は、結婚している他の兄弟姉妹から介護を押し付けられるパターンになりがち。たとえ自分が介護の負担が多くなっても、金銭面で折り合いをつけるなど、きちんと家族間で約束事を決めておくこと。ズルズルとルールも決めずに介護に突入してしまうと、不満やもめ事の原因になります。家族だから言わなくてもわかる、は介護の場合、通用しないと思っていたほうがベターです。

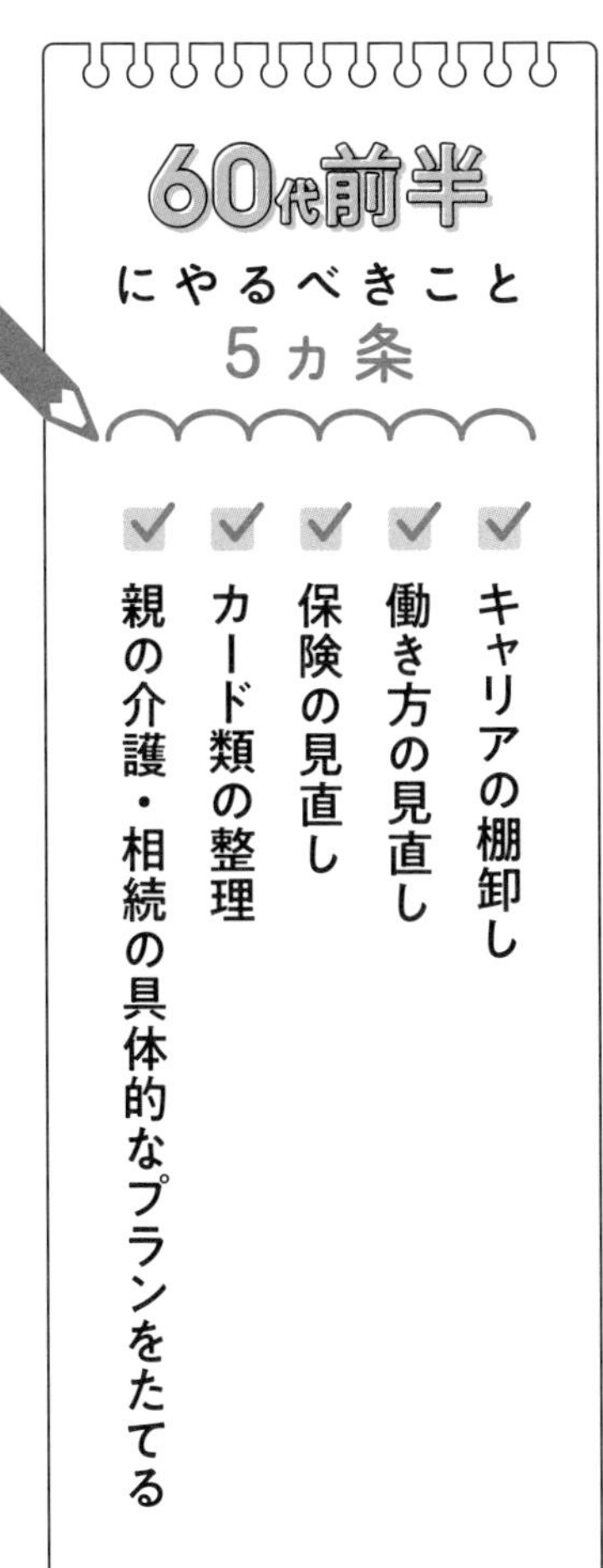

60代前半
にやるべきこと
5カ条
キャリアの棚卸し
働き方の見直し
保険の見直し
カード類の整理
親の介護・相続の具体的なプランをたてる

面倒な人やモノに縛られず自分ファーストで楽しく過ごす！

年金受給は繰り下げて プチ稼ぎで余暇も充実

70歳までは退職金や貯蓄、iDeCoでまかないながら無理のない範囲でちょっとだけ働く

60代後半には就業や生活スタイルにさらに大きな変化が訪れます。

65歳から公的年金の受取りが始まりますが、女性は4人に1人が95歳まで生きる時代。受給開始はできるだけ繰り下げて、将来の年金収入を増やしておくことが大切です。**できれば老齢基礎年金（国民年金）だけでも受給開始は70歳からにしておきたい**ところです。

70歳までは退職金や貯蓄、iDeCoの受取りなどでまかなうことになりますが、それらに加え月に3万〜5万円くらい収入があるのが理想的です。65歳以降は新たな仕事を見つけるのは難しいかもしれませんが、例えば地域のシルバー人材センターなどで相談してみると、シニア世代向けの仕事を紹介してくれます。またシニアを積極的に採用している企業などを調べてみるのもよいで

COLUMN 3

わたしの60代

夫の墓を永代供養墓に改葬しました

68歳の時に主人に先立たれ、一人娘も嫁いでいるため、久しぶりの一人暮らしです。長年フラワーアレンジメント教室を主宰していたのですが、２年前に大病し、現在は自宅で週に１回、ご近所の方に教えている程度で、一人の生活を細々と楽しんでいます。夫の実家の墓は遠方にあり、お参りや管理をするのは今後難しいと思い、現在の住まいの近くの永代供養墓に改葬をしました。マンション型で周囲には味気ないお墓ともいわれますが、いつでも会いに行けますし、私も同じお墓に入る予定で、娘に墓を継いでもらう必要もなく安心しています。

（フラワーアレンジメント講師・広瀬みどりさん（仮名））

しょう。週に2～3日でもよいので、経済的な不安の解消のため、また社会との接点を持つためにも、少しずつでも働き続けることは大切です。そうしたプチ稼ぎで得た収入分は、生活費以外の旅行や買い物など、楽しみのために使うと60歳後半以降の生活もより充実したものになります。

介護問題を終え、この時期直面するのは親の死です。最近ではお葬式やお墓もさまざまな形式が増え、多様化が進んでいます。繰り返しになりますが、**存命中に家族できちんと話し合い、親の意思を確認しておく**ことが必要です。親の葬儀などの手配で得たノウハウは、自分の終活にも活かすことができます。最近の葬儀と墓の傾向や費用感、死後にすべき手続きなど、きちんと記録しておくと今後役に立ちます。

健康に気遣いながら元気で素敵な70代を目指す!

シニアであることを最大限に生かしたお得なサービスも上手に活用しよう

ＰＣやスマホの操作方法やネット注文など、ちょっとしたことでも会社の若い世代や同居している子どもたちに頼んでいた人は、その行動を見直してみましょう。これからも長く続くおひとりさま生活の中で、**できる限り自分でやれることはやる習慣を身につける**ことも大切です。

最初から「私には無理！」と決めつけず、まずはやってみましょう。**新しいことへの挑戦は脳の活性化になり、認知症予防にもつながる**ことも。また自分でやってみることで、「意外に大変だったんだ……」など相手の負担もわかるようになり、周囲の人へのありがたさを感じるきっかけにもなります。頭が固くなり、視野が狭くなりがちなこの年代にとって、そうした行動は意外に大切なのかもしれません。

無駄な支出をできるだけ減らすためにもどんどん活用したいのは、**シニア割引き**。交通機関をはじめ映画館、飲食店など、さまざまな施設、サービスで割引が設定されています。65歳以上はさらにお得になる範囲も広くなり、使えるサービスが増えます。ただし、会員登録やカード作成が必要などの条件があることも多いので、使用頻度が高いとか、お得度の高いものに限定して利用するなど、工夫も必要です。

習い事を始めるなら、自治体や自治会などが主催する講座に注目。無料や格安で開催されているところもあるので、活用してみるといいでしょう。

もらえる年金額も確定し、老後のプランがより具体的に見えてきた60代後半。人づき合いなどのストレスをできる限りゼロにして、マイペースで楽しく過ごしたいもの。健康に気をつけながら、元気で素敵な70代を迎えましょう。

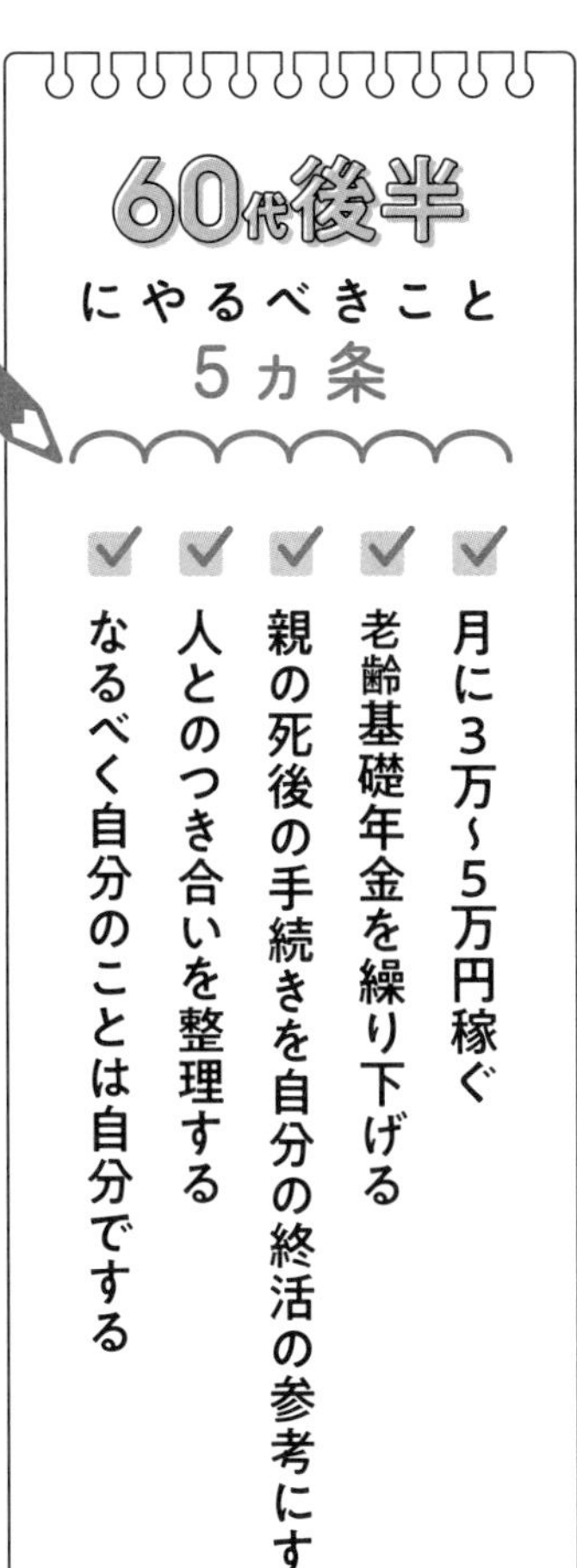

60代後半
にやるべきこと
5ヵ条
月に3万～5万円稼ぐ
老齢基礎年金を繰り下げる
親の死後の手続きを自分の終活の参考にする
人とのつき合いを整理する
なるべく自分のことは自分でする

70代の過ごし方

いよいよ本格的な老後生活スタート 終活に向けてやるべきことが盛りだくさん！

介護サービスの情報収集や終のすみかについての準備をスタート

老後生活に完全にシフトする70代。繰り下げ受給をした人は、いよいよ年金の受給が始まります。**まだ体力、気力がある人は、できれば引き続き仕事をする**ことをおすすめします。月3万～5万円分くらいの収入になるよう働けると家計にも余裕が出てきます。

これまで元気な人でも病気やケガで病院を訪れる機会も増えてきます。若い時は短い入院で済んでいた病気やケガも、年齢を重ねると入院日数などが伸びる傾向にあり、その分、医療費も今までよりかかることになります。加えて介護にかかる費用も考えておきたいところです。入院や介護の費用は、希望する医療の範囲、在宅または施設での介護、介護の度合いによって大きく異なります。選択肢を広げるためにも、お金の備えはもちろんのこと、利用できる介護

お金・モノ・心を整理して自分らしい終活を行おう

保険サービスについて情報収集して準備しておくことが必要です。特に一人暮らしの場合は、体調不良は不安なもの。ちょっとした体の不調を気軽に相談できる、かかりつけ医を見つけておくと安心です。

この時期は、高齢者施設、いわゆる老人ホームへの入居の準備期間でもあります。おひとりさまの場合、認知症や身体介護が必要になった時、自宅から高齢者施設に移り住む可能性が高くなります。

老人ホームといっても種類はいろいろ。介護付きや住宅型、民間か公的かなどによって違いがあり、費用面でも大きく変わってきます。例えば費用の安い公的な特別養護老人ホーム（特養）は、原則要介護3以上でなければ入居できず、待機者が多く、地域によっては何年も待つことになります。

多くの人は特養以外の民間の施設の中から選択することになりますが、介護状態になってから自分で施設を探したり、見学をするのは不可能です。また急いで探すと費用面でも妥協をしがち。**70代の動けるうちに複数の施設で体験入居**をしておくことをおすすめします。貯蓄と年金の範囲で無理なく住める費用についてはもちろん、立地、利用者の雰囲気、食事の内容など、自分なりのこだわりポイントを軸に、終のすみかとして適正かをチェックしましょう。

自分らしいエンディングのための事務手続きや片付けを開始

お金まわりのリスト化やお墓の手配
人生の終焉のための準備を

親の介護が終わる人も出てくる中、自分自身の終活とも向き合う時期です。何となく気分が向かなくて、途中でやめてしまう人もいるかもしれませんが、死後に関する手続きはたくさんあります。財産のリスト化などお金まわりの整理、パソコン内やSNSなどのデータ整理と消去、お墓の準備、死後整理の段取りなど、やることは盛りだくさん。それらを記載した**エンディングノートを作成し、誰かに託しておく**ことが必要です。託す相手がいない場合、葬儀や納骨の手続き、役所の手続き、遺品整理まで死後の手続き一式を「死後事務委任契約」として専門家に頼むことができます。

特におひとりさま女子ならやっておきたいのは、財産の行方を決めておくこと。相続人になる子どもがいない場合、遺産は兄弟姉妹、またはその子どもたちが相続することになります。相続人を決めておかないと財産分与でもめたり、不本意な相手に財産が渡ってしまう可能性もあります。それを避けるためにも遺言書を作成し、相続人をきちんと決めておくことが大切になります。遺贈（遺言による寄付）といった選択肢も可能です。

COLUMN 4

わたしの70代

娘家族と離れ、住宅型老人ホームへ入居

夫を50代で亡くし、娘夫婦は2人とも単身赴任で不在のため、日本語学校の教師をしながら、1人で孫2人の世話をしていました。仕事の量は減らしつつも、そんな忙しい生活を続けているうちに気がつけば79歳。娘夫婦の単身赴任も終わったところで、友人が入っている住宅型老人ホームに入居しました。娘家族に頼られる生活も張りがあって楽しかったのですが、元気なうちに自分だけの時間を持ちたかったという気持ちも強く、入居を決意しました。ここでは起きる時間も寝る時間も自由! 食事づくりの時間に追われることもなく、自分だけののびのびとした生活を満喫しています。　(元日本語教師・坂井元子さん（仮名))

ペットを飼っている場合、自分の死後の預け先を決めておく必要があります。最近では行政書士や弁護士などを窓口に、身内など信頼できる第三者と結ぶ「ペット信託」という契約があります。また、そもそも信託契約をする相手がいない、という人に対応するサービスも増えています。事前にリサーチし、必要に応じて契約をしておくことが大切です。

70代以降はおまけの人生 前向きに明るく楽しもう!

元気なうちにすませておきたいのは自宅の片づけです。自分の死後、親族が遺品整理に追われる負担を減らすためだけではなく、自分自身がこれからの人生を快適に暮らしていくためにも、**暮らしをコンパクトにしておく**ことは必要です。たとえ高価で思い入れがあっても、今後

夢や目標は忘れずに人生100年時代を生き抜く

の人生に不要なものは思い切って手放すこと。生活スタイルの変化とともに身につけるものも変わってきます。アクセサリーや着物など価値がありそうなものは買い取り業者などでお金に換えて、老後資金の足しにしましょう。

最後に忘れてはいけないのは心の整理です。親族や友人の死に遭遇し、自らの人生の終わりを意識する人も多いことでしょう。**残りの人生で本当にしたいことを見つめ直し、心を整理してみる**ことが必要です。

75歳には後期高齢者に突入しますが、人生100年時代では少なくともあと10〜20年以上老後生活は続きます。70代以降はおまけの人生と思い、前向きに明るく過ごしていきましょう。

70代にやるべきこと5ヵ条

- ✓ 月に3万〜5万円分くらいの仕事をする
- ✓ 老人ホームの体験入居
- ✓ 終活
- ✓ かかりつけ医を決める
- ✓ 前向きに楽しく過ごす

第2章

老後が不安!?
おとな女子の老後生活プラン

お金の「入」と「出」でバランスが取れていればいい！

注目すべきは収入の大きさではなく〝収支〟

老後のためにいくら蓄えがあればいいのでしょう？　いくらお金があっても、不安は解消されません。それよりも、入ってくるお金＝「退職後の収入」と出ていくお金＝「生活費などの支出」を明確にし、収支がマイナスになっていないことが大切です。それぞれの金額を見える化し、比較することで、どれくらいお金が足りないかが見えてきます。

重要なのは、収入額の多い、少ないではなく、収支のバランスが取れていること。たとえ「入」が少なくても、「出」を抑え、収入の範囲内で生活をすることができれば、老後のお金についての心配はそれほどしなくてもよくなります。もし、年金と貯蓄ではお金が不足しそう、と予測ができたら、積立を増やすなど、その分を確実に貯めればよいということになります。

「入る分だけ使う」で、老後破産はしない！

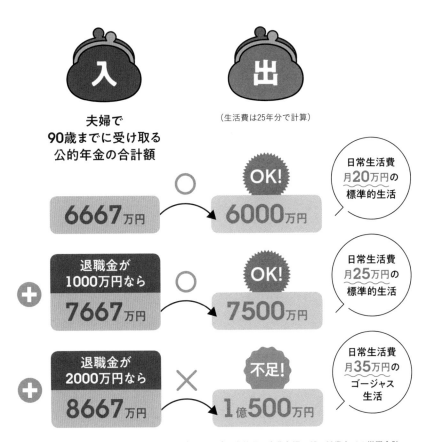

入 夫婦で90歳までに受け取る公的年金の合計額		出 （生活費は25年分で計算）	
6667万円	○	OK! 6000万円	日常生活費 月20万円の標準的生活
＋ 退職金が1000万円なら 7667万円	○	OK! 7500万円	日常生活費 月25万円の標準的生活
＋ 退職金が2000万円なら 8667万円	×	不足! 1億500万円	日常生活費 月35万円のゴージャス生活

※ 年金額は現役時代の平均給与額が月42万円（40年加入）の会社員と専業主婦の65～90歳までの世帯合計。夫婦は同い年。

井戸先生が
答えを明示

おとな女子 私たち6人の「年金」は？

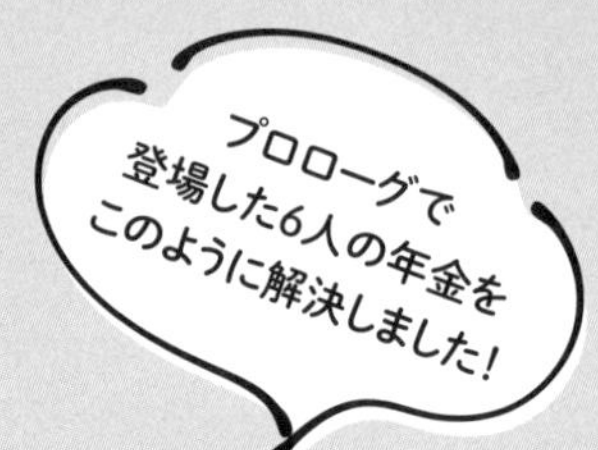

プロローグで
登場した6人の年金を
このように解決しました！

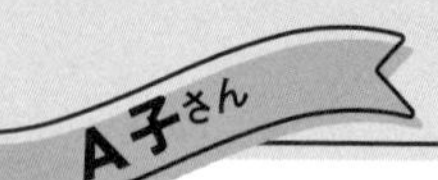

58歳でパート勤務から再就職

このままだと 月10万円 → 解決後は 月12万円

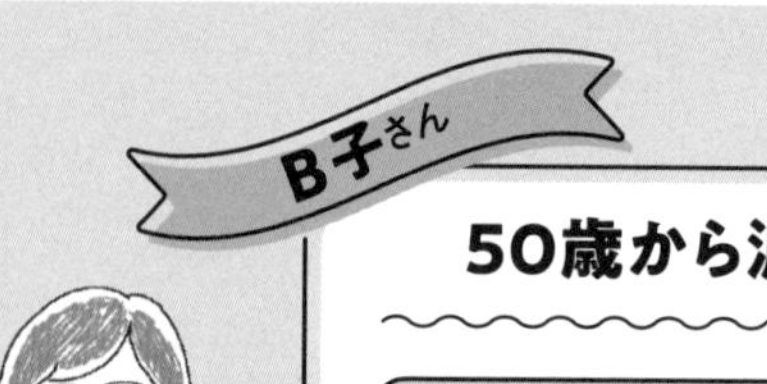

50歳から派遣社員スタート

このままだと 月7万円 → 解決後は 月9万円

C子さん

55歳で会社設立
（年金受給開始は70歳）

このままだと 月11万円 → 解決後は 月13万円

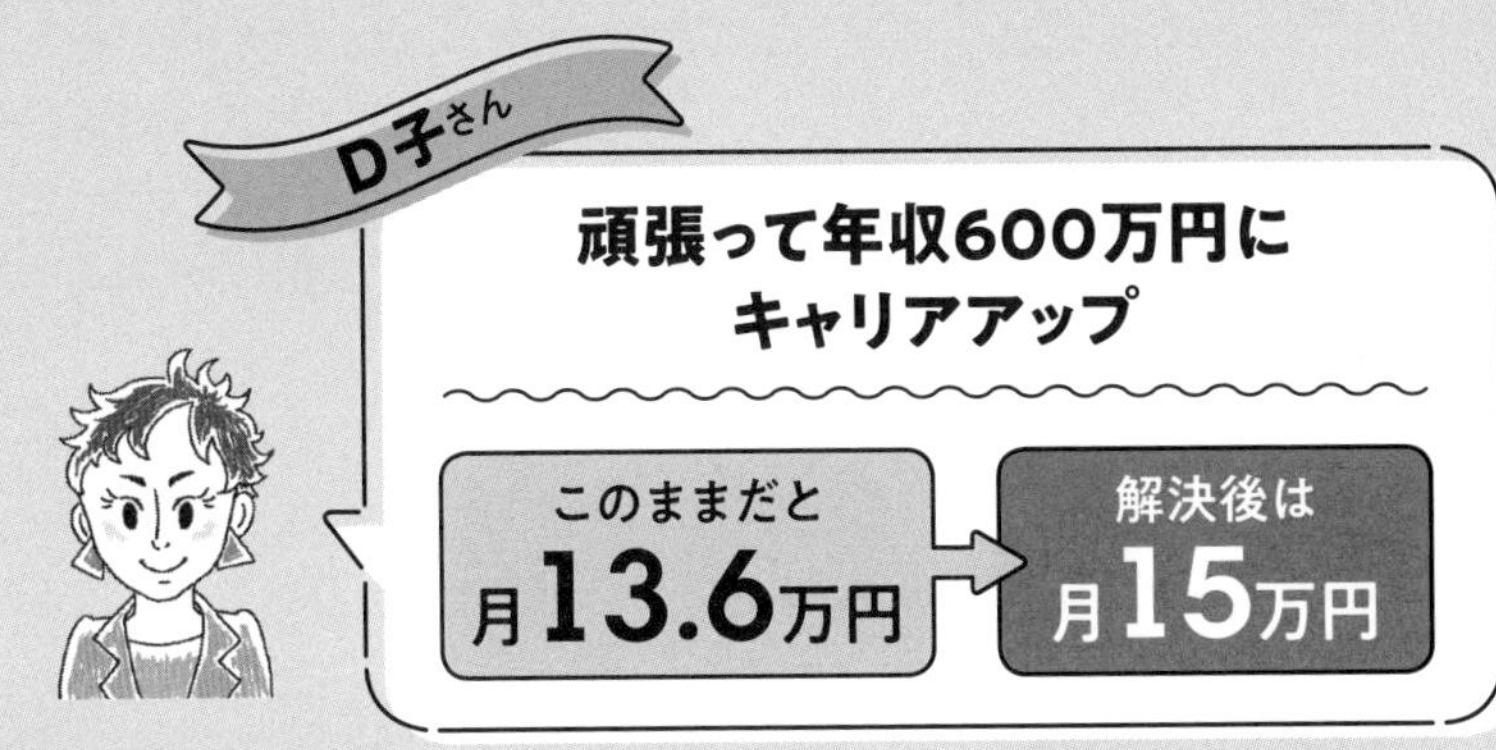

D子さん
頑張って年収600万円に
キャリアアップ
このままだと
月13.6万円
解決後は
月15万円

職業訓練を受け
ガテン系の会社に就職

このままだと
月9万円

解決後は
月11万円

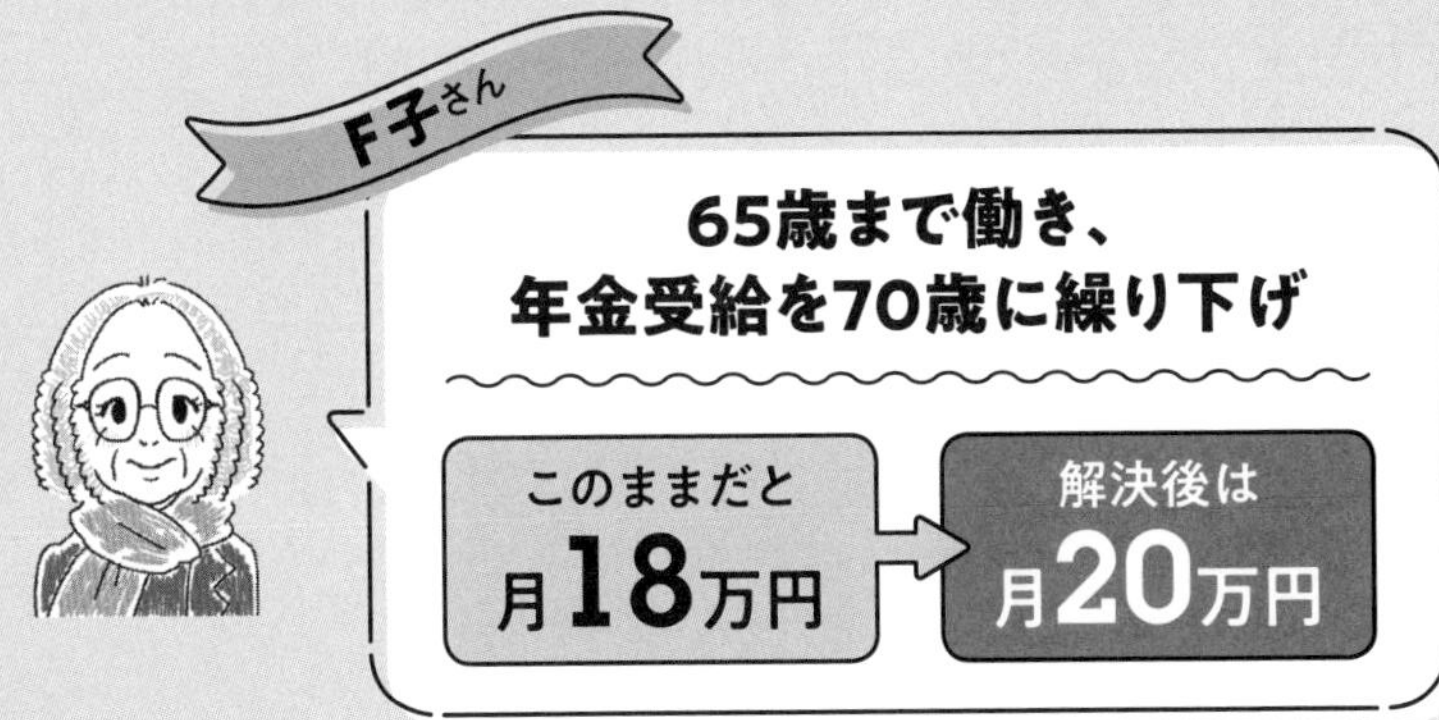

F子さん
65歳まで働き、
年金受給を70歳に繰り下げ
このままだと
月18万円
解決後は
月20万円

将来もらえる年金は
これからの働き方でこんなに変わります!

A子さんの解決策

58歳から再就職 → パートから厚生年金加入

介護離職

キャリアチェンジ

今のままの場合、65歳からの年金見込み額

老齢基礎年金 74万1900円
＋
老齢厚生年金 25万円
＋
離婚分割 20万1300円

＝ 年119万3200円

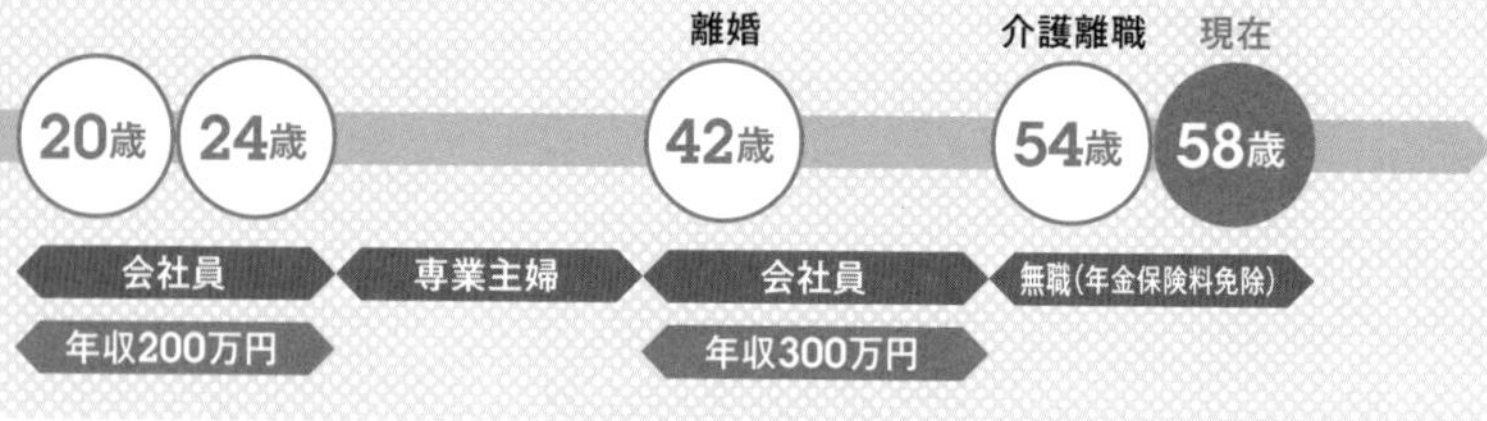

これからのワタシ

老齢基礎年金 78万900円
＋
老齢厚生年金 42万1000円
＋
離婚分割 20万1300円

＝ 年140万3200円

介護はできるだけ外注し今すぐ再就職を目指す

A子さんがこのまま60歳まで無職だった場合、65歳以降にもらえる年金は老齢基礎年金74万1900円、老齢厚生年金25万円、離婚時の年金分割が20万1300円（元夫の年収は400万円）で合計119万3200円となり、月10万円で生活をすることになります。現在はお母さまの年金収入もあるので、それほど生活は苦しくないのかもしれませんが、いざ一人になった時の生活は立ち行かない可能性も出てきます。

これからのA子さんにおすすめする対処法は、**お母さまの介護は介護サービスを活用し、ご自分はすぐに再就職をし、正社員を目指すこと。**最初はパートや派遣社員で年収200万円くらいの収入で働き、60歳で正社員となり、そのまま70歳まで働き続けると仮定します。正社員になることで、厚生年金の額を増やすことができ、65歳以降の年金額は140万3200円にアップします。月に換算すると12万円になり、生活の不安はグンと解消されます。

50代からの再就職は簡単ではないかもしれません。ですが、このまま在宅介護を続けた場合、その期間が長ければ長いほど、再就職への道は厳しいものになります。早めに行動を起こし、厚生年金に加入する期間を少しでも伸ばすことで、年金受給額も変わってきます。勇気をもって一歩踏み出してみましょう。

B子さんの解決策

50歳から再就職 → 派遣社員時から厚生年金に加入

離婚

再就職

今のままの場合、65歳からの年金見込み額

老齢基礎年金 74万1900円
＋
老齢厚生年金 10万2600円
＝ 年84万4500円

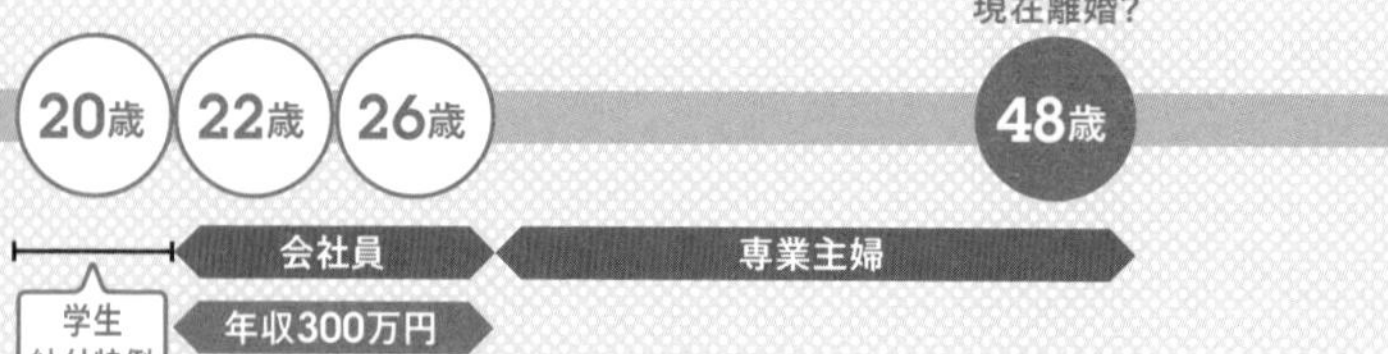

これからのワタシ

老齢基礎年金 78万900円
＋
老齢厚生年金 29万円
＝ 年107万900円

「離婚しても大丈夫!」と思える力を身につける

夫の浮気疑惑により、離婚をするかしないかで悩むB子さん。このまま離婚をせずに60歳まで専業主婦だった場合の65歳以降の年金額は、老齢基礎年金74万1900円、老齢厚生年金10万2600円で合計84万4500円です。

結婚が続いていれば、夫の退職金や年金がプラスされますが、離婚をした場合はこの金額で、一人で生活をすることになります。離婚する、しないにかかわらず、**今後の人生のリスク回避のためにも50歳までに再就職**をおすすめします。

B子さんの、再就職を目指した場合のプランを想定してみました。まず準備期間として2年間は再就職に向けて、主に資格取得やスキル習得のために使い、在宅や短時間で試しに働き、50歳でいよいよ本格的に再就職。最初は派遣社員でも、55歳くらいには正社員を目指し、65歳まで働くと、年金額は107万900円に増えます。65歳まで収入を得るスキルを身につけることは大切です。

離婚しても大丈夫! と思える力をつけておきましょう。

どんな仕事をすればよいかわからない、という時は結婚前にやっていた仕事や自分の得意分野を考えてみましょう。それを基にリサーチを重ねたり、スキルを磨いていけば、今後のキャリアも開けるのではないでしょうか。

C子さんの解決策

派遣社員 → 55歳で会社を設立

C子さん

自宅暮らし

派遣社員から起業

今のままの場合、65歳からの年金見込み額

老齢基礎年金 78万900円
＋
老齢厚生年金 56万6900円
＝ **年134万7800円**

これからのワタシ

老齢基礎年金 78万900円
＋
老齢厚生年金 73万4600円
＝ **年151万5500円**

“好き”を仕事にするために浪費をやめて資金を貯めよう

ワーキングホリデー後はずっと派遣社員のC子さん。派遣社員で働けるのは、スキルが高い技術職でない限り、50代が限界かもしれません。これからの人生、正社員を目指してキャリアアップに励むのか、または何か特技を生かしてフリーランスや起業をするのか、悩むところです。

犬のコンテスト出場などが趣味とのことなので、例えば犬の飼い主仲間とブリーダー会社を設立するのはいかがでしょうか？ 現在ほとんど手元にお給料が残らない浪費家の自分とは決別し、55歳を目途に、会社設立のための資金を貯めましょう。

自営業のメリットは定年がないこと。自分が元気なうちは何歳まででも働けます。仮に70歳まで働いたとすると、老齢厚生年金が73万4600円に増え、老齢基礎年金と合わせて155万5500円に。さらに年金の受取り時期を70歳に繰り下げると、年215万2000円に増えます。

好きなことを仕事にするのは、多くの人が憧れる理想的な生き方。それを実現するためにも、**今まで何となく無駄に使っていたお金を貯蓄に回し、資金を貯める**とともに、起業に必要な手続きなども入念にリサーチしておくこと。夢に向かって、努力をする日々は今よりずっと充実感を感じられるはずです。

D子さんの解決策

**スキルを磨き
キャリアアップして年収もアップさせる**

正社員 キャリアアップ

今のままの場合、65歳からの年金見込み額

老齢基礎年金 78万900円
＋
老齢厚生年金 84万8500円
＝ 年162万9400円

これからのワタシ

老齢基礎年金 78万900円
＋
老齢厚生年金 106万1600円
＝ 年184万2500円

元気な40代のうちに自分の可能性を広げておこう

大学卒業後に就職した会社で正社員として働く44歳のD子さん。今後のキャリアアップを考えないと、これからの会社での立ち位置は微妙なものになりそうです。今のキャリアのまま、同じ会社で定年まで働くのか、またはスキルを磨き、管理職を目指すのか、悩みどころです。後者の場合、転職という選択肢もあり、年収が増えるチャンスも広がります。

年収と同時に変わるのは将来の年金額。例えばキャリアを積み重ね、50歳で年収400万円に、さらに管理職として転職し、65歳まで年収600万円で働く、そんな風に大きくキャリアを飛躍させることができれば、年金額も184万2500円に増えます。家の購入を検討しているとのことですが、キャリアアップに成功すれば、住宅ローンの支払いもかなり楽になります。安定した会社員でいると、今のままでもいいかな、と思いがちですが、**退職後の生活を考える上でも、40代でのキャリアアップは考えてみてもよいかもしれません。**

または今後のことを考えると、会社員としての給与以外に収入源を見つけておくのも一つの手。例えば副業がOKの会社ならば、自分の得意なことや趣味を生かした職業にチャレンジしてみるのもいいでしょう。元気な40代のうちに自分の可能性をできるだけ広げておけるといいですね。

E子さんの解決策

E子さん

職業訓練校で学び新たな仕事にキャリアチェンジ

シングルマザー

キャリアチェンジ

今のままの場合、65歳からの年金見込み額

老齢基礎年金 78万900円
＋
老齢厚生年金 4万4700円

＝ **年82万5600円**

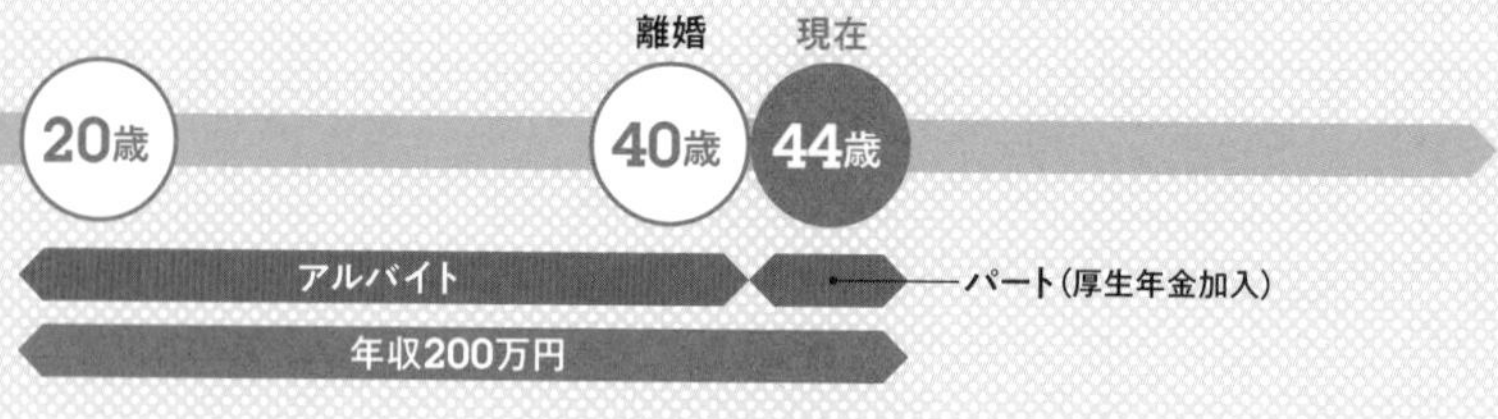

これからのワタシ

老齢基礎年金 78万900円
＋
老齢厚生年金 50万3100円

＝ **年128万4000円**

自分の強みや得意なことを見極め未経験の仕事にチャレンジ

専門学校卒業後から結婚するまでアルバイトで働いていたE子さん。40歳から始めたパート先で厚生年金に加入できたものの、この先の人生を考えると、もう少し年収を増やしておきたいところ。お子様が今度、中学校にあがるとのこと。少し手が離れたこの時期に新しいキャリアへの道筋をつけておくことをおすすめします。

事務職などの仕事経験がないならば、内勤以外の仕事を視野に入れてみることも検討を。実は手先が器用で、背も高いE子さんは以前からガテン系の仕事への憧れがあったとか。それを叶えるべく、まずはパート先をいったん退職し、失業給付を受けながら、職業訓練校で内装工事の技術を身につけ、45歳で内装工事会社に就職する、というプランも考えられます。

職業訓練に通うことになった場合、訓練期間中に所定給付日数がなくなる場合は、訓練終了まで支給が延長されます。65歳まで働けば、厚生年金分を大幅に増やすことができます。

未経験の仕事について「やったことがないので無理!」とすぐに諦めてしまうのは禁物。40代は新しいことにチャレンジできる世代です。職業訓練校など公的な機関を活用しながら、賢くキャリアをシフトしていきましょう。

F子さんの解決策

年金の受取りを
70歳に繰り下げ

未亡人

継続雇用

今のままの場合、65歳からの年金見込み額

老齢基礎年金 78万900円
＋
老齢厚生年金 106万5500円
＝ 年184万6400円

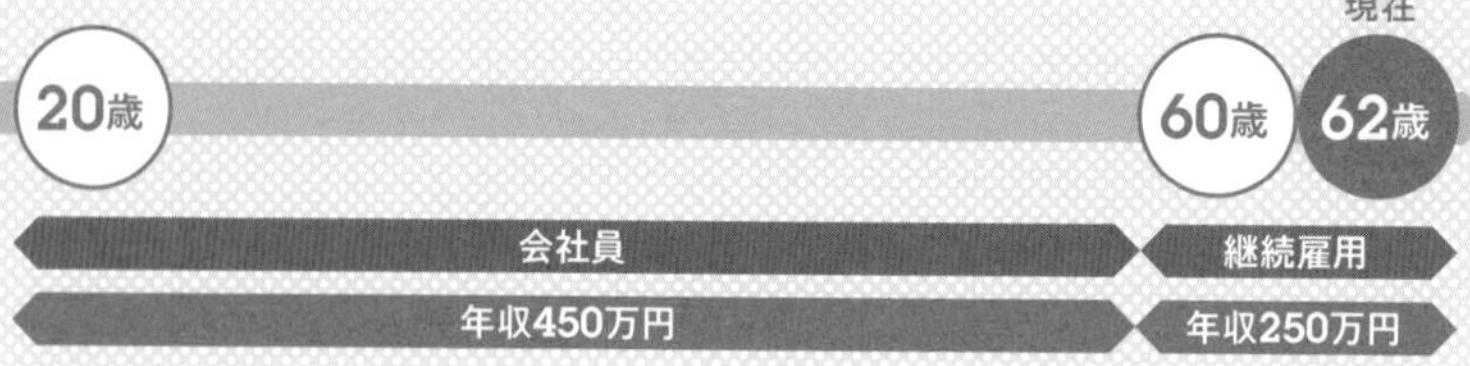

これからのワタシ

老齢基礎年金 110万8900円
＋
老齢厚生年金 106万5500円
＝ 年217万4400円

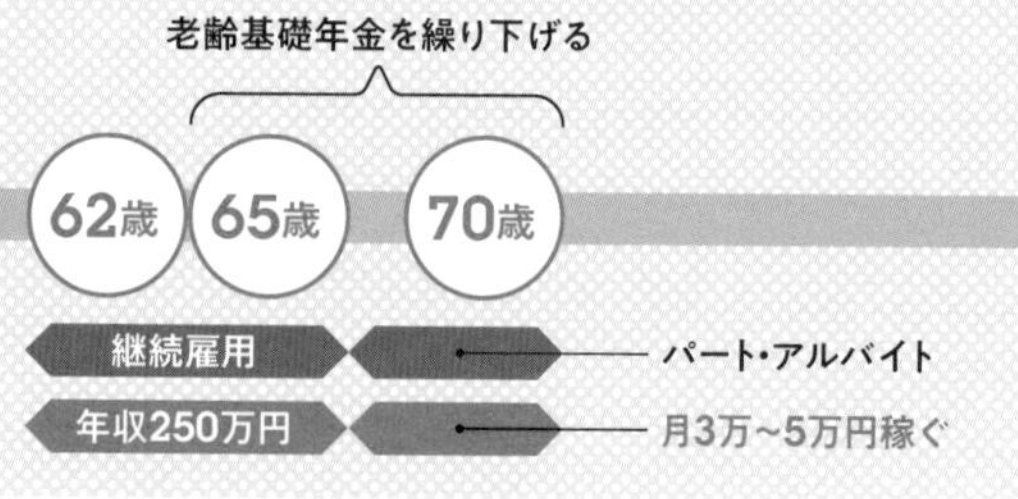

年金受取を70歳に繰り下げて老後にさらに余裕を

短大卒業後、同じ会社で60歳定年まで働き、現在も継続雇用で働き続けるF子さん。自営業だったご主人が亡くなり、遺産もあり、老後資金としては安心できる額です。さらに増やすためには、**老齢基礎年金の受取り時期の繰り下げ**を。70歳に繰り下げた場合、老齢基礎年金は78万900円×142%となり、110万8900円に増額されます。

F子さんには退職金などで貯蓄があるので、無駄使いをしない限り、5年繰り下げても十分生活ができます。ただ65歳以降は、家のリフォームや介護費用、終のすみかについても考えていかなくてはいけない時期。思わぬ出費も増えてきます。子どもがいても、金銭面では頼らない覚悟でいたほうがベスト。そのためには収支をしっかり管理すること。また夫の遺産や自分の退職金はすぐに使ってしまわないように、定期預金や個人向け国債にしておくなど、お金の管理をきちんとしておくことが必要です。

その上でさらに老後資金を増やしていけると安心です。健康で元気なうちは再雇用で65歳まで働いた後も、**パートやアルバイトなどで、少しでも働き続けるのもよい**でしょう。社会と接点を持ち続けることは、シニア世代にとっても大切なことです。

PART 2

【公的年金基礎編】

老後生活の基盤 公的年金制度の仕組みを解説

あなたはどの年金に加入してる?

日本の公的年金制度は、20歳以上60歳未満のすべての人が加入する「国民年金」(老齢基礎年金)と、会社員・公務員などの人が加入する「厚生年金」(老齢厚生年金)の2階建て構造になっています。つまり会社員・公務員などの人は、国民年金と厚生年金の二つの年金制度に加入し、それ以外の自営業や専業主婦などは国民年金のみの加入となります。

国民年金加入者は職業などによって3種類に分かれます。厚生年金に加入している**会社員や公務員などは第2号被保険者**に、第2号被保険者の配偶者で扶養される**専業主婦(主夫)などは第3号被保険者**に区分されます。**第2、第3号被保険者以外は第1号被保険者**です。自営業者などが該当します。第1、第3号被保険者の年金受給額は年収にかかわらず加入期間で決まり、第2号被保険者の年金受給額は、厚生年金部分が年収と加入期間によって異なります。

公的年金制度は2階建て

会社員・公務員等に支給

2階 厚生年金（老齢厚生年金）

1階 国民年金（老齢基礎年金）

第1号被保険者　第2号被保険者　第3号被保険者

自営業・学生等　会社員　公務員等　専業主婦（主夫）等

勤務先によっては3階部分の企業年金等を受け取ることができます

2021年度

	第1号被保険者	第2号被保険者	第3号被保険者
加入条件	日本国内に住む、第２号、第３号被保険者以外の人	厚生年金に加入している人	第２号被保険者である配偶者に扶養されている人 原則、国内居住要件有（住民票が国内にあること）
職業など	自営業者、学生、農業・漁業者、フリーター、無職の人等	会社員、公務員（＋条件を満たしたパートタイマー）	専業主婦（夫）、パートタイマー等
年齢	20歳以上60歳未満	原則70歳未満	20歳以上60歳未満
保険料	月額1万6610円（免除制度有）	月収の18.3%（労使折半）	なし（第2号被保険者全体で負担）
年金額	満額78万900円	年収により異なる	満額78万900円

ねんきん定期便の見方を知ろう

年金に関する情報が記載
受け取ったら必ず内容の確認を

年金の加入者には、毎年誕生月にハガキか封書で「ねんきん定期便」が送られてきます。「ねんきん定期便」には、年金に関する情報が記載されているので、受け取ったら必ず記載内容の確認をしましょう。

50歳未満の人と50歳以上の人ではフォーマットが異なります。左ページは50歳未満の人に届く、ねんきん定期便のサンプルです。

チェックすべき項目を確認していくと、1.の「**これまでの保険料納付額**」には、これまで納めた年金保険料の合計額が記載されています。2.の「**これまでの年金加入期間**」には国民年金と厚生年金の加入期間とその合計などを基にした受給資格期間が記載されています。老齢基礎年金を受給するには10年（120カ月）以上の加入期間が必要なので、条件を満たしているか確認しましょう。

3.の「**これまでの加入実績に応じた年金額**」の欄には、これまで納めた保険料をもとに試算された、将来もらえる年金の見込み額が記載されています。この額は今後働き続けていくことで、増えていきます。あくまでも参考程度に見ておくとよいでしょう。

「ねんきん定期便」ここをチェック!

保険料納付累計額

これまでに納めた年金保険料の合計額。

「ねんきんネット」で老後の生活設計について考えてみませんか？

○「ねんきんネット」の便利な機能
・年金受給開始を遅らせる場合などの年金見込額の試算
・電子版「ねんきん定期便」の確認
・全期間の年金記録の確認
・通知書の再交付申請　など

○24時間いつでも、パソコンやスマートフォンで利用できる「ねんきんネット」を**老後の生活設計**にご活用下さい。

○**基礎年金番号**と「**お客様のアクセスキー**」等を入力いただくことで**簡単に登録**できます。ぜひご登録下さい。
※基礎年金番号は、年金手帳などに記載されています。

詳しくはWEBで ねんきんネット 検索
スマートフォンでのご利用登録は、QRコードで
QRコード

お問い合わせ先
「ねんきん定期便」「ねんきんネット」に関するお問い合わせは
0570-058-555
※050から始まる電話でお掛けになる場合は 03-6700-1144
【受付時間】月曜日　午前8：30〜午後7：00
火〜金曜日　午前8：30〜午後5：15
第2土曜日　午前9：30〜午後4：00
※祝日、12月29日〜1月3日はご利用いただけません。
※月曜日が祝日の場合、翌開所日は午後7：00まで。

1．これまでの保険料納付額（累計額）

（1）国民年金保険料（第1号被保険者期間）	円
（2）厚生年金保険料（被保険者負担額）	
一般厚生年金期間	円
公務員厚生年金期間	円
私学共済厚生年金期間	円
（1）と（2）の合計	円

この定期便は、下記時点のデータで作成しています。
納付記録がデータに反映されるまで日数がかかることがあります。

国民年金および一般厚生年金期間	公務員厚生年金期間（国家公務員・地方公務員）	私学共済厚生年金期間（私立学校の教職員）

「ねんきん定期便」の見方は、
ねんきん定期便 見方 検索

2．これまでの年金加入期間（老齢年金の受け取りには、原則として120月以上の受給資格期間が必要です）

国民年金（a）			船員保険（c）	年金加入期間 合計（未納月数を除く）（a+b+c）	合算対象期間等（d）	受給資格期間（a+b+c+d）
第1号被保険者（未納月数を除く）	第3号被保険者	国民年金 計（未納月数を除く）				
月	月	月	月			
厚生年金保険（b）						
一般厚生年金	公務員厚生年金	私学共済厚生年金	厚生年金保険 計			
月	月	月	月	月	月	月

3．これまでの加入実績に応じた年金額

（1）老齢基礎年金	円
（2）老齢厚生年金	
一般厚生年金期間	円
公務員厚生年金期間	円
私学共済厚生年金期間	円
（1）と（2）の合計	円

お客様のアクセスキー
※アクセスキーの有効期限は、本状到着後、3カ月です。

右のマークは目の不自由な方のための音声コードです。

加入実績に応じた年金額

上段が老齢基礎年金(国民年金)、中段が老齢厚生年金(厚生年金)の支給額、下段が合計額(年額)。

※これまでの加入実績に応じた現時点での金額

加入実績に応じた年金額

上段は(a)学生・自営業などで老齢基礎年金に加入していた期間。
下段は(b)会社員としての老齢厚生年金加入期間。

※詳しいシミュレーションは「ねんきんネット」で確認できます。

公的年金を受け取るには条件がある

国民年金に10年以上加入すれば厚生年金は1カ月でもOK

公的年金を受給するためには、年金保険料を納めた期間や保険料の免除期間・特例期間の合計が、一定以上必要です。この期間を「受給資格期間」といい、国民年金保険料を支払った期間や免除期間、および厚生年金の加入期間などを合算して10年以上あれば、老齢基礎年金（国民年金）を受給することができます。加入期間が10年未満では、年金額は0円となってしまうため注意が必要です。

国民年金と厚生年金では加入のルールも異なります。国民年金は10年以上の納付期間、加入可能年齢は60歳までです。一方、厚生年金は、国民年金に10年以上加入していれば、1カ月の加入でも厚生年金を受け取る受給資格を得ることができます。会社員として働いていれば、70歳まで加入することができます。

国民年金の受給資格を満たした上で、厚生年金の加入期間が1カ月以上あれば、年金は2階建てとなり、老齢基礎年金（国民年金）に加え、老齢厚生年金(厚生年金)を受け取ることができます。自分が将来どの年金を受けられるのか、加入期間などを確認しておくとよいでしょう。

受給資格期間の内訳

国民年金の保険料納付済期間等※1 ＋ 厚生年金の加入期間 ＝ 原則として10年以上（120カ月）

※1　受給資格期間は以下の期間も含まれています
●第3号被保険者（会社員・公務員等に扶養されている配偶者の期間）
●保険料の免除や納付猶予を受けていた期間
●カラ期間（会社員や公務員の配偶者が1961年4月から1986年3月までに年金に未加入だった期間等）

国民年金と厚生年金の加入ルール

	国民年金	厚生年金
支給に必要な加入期間	10年以上	1カ月以上
何歳まで加入できる?	60歳まで	70歳まで
支給はいつから?	原則65歳から（60~70歳まで選べる）	

※国民年金を受け取れなければ、厚生年金は受け取れない。

「国民年金」はいくらもらえる？

40年間加入すると満額もらえる！未納期間のチェックを忘れずに！

老齢基礎年金（国民年金）の受取りは、原則65歳開始で、死亡した月まで受け取ることができます。20歳から60歳までの40年間（480カ月）、国民年金に加入した場合、2021年現在**満額で年間78万900円**を受け取ることができます。未納期間がある場合は、月数に応じて、受け取れる年金額が減額されます。

また所得が少ない、失業したなどの理由により、国民年金の保険料免除を受けた期間がある場合、免除期間はすべて受給資格期間に算入されますが、年金額は、免除の程度に応じて減額されます。例えば全額免除の場合は、年金額は2分の1（免除割合によって異なる）で計算されます。

免除を申請せず未納のままにしておくと、その期間は受給資格期間にも年金額にも算入されません。免除を受けた場合、10年以内に国民年金保険料の追納を、未納の場合は2年以内に支払えば、全納と同じ年金額になります。

未納期間については、ねんきん定期便に記載されているので、払い忘れがないか確認しておくとよいでしょう。

「老齢基礎年金」の計算方法は?

①老齢基礎年金(第1号被保険者)の保険料納付済期間
②20歳以上60歳未満の老齢厚生年金期間
③第3号被保険者期間

全額免除月数 × $\frac{1}{2}$ + $\frac{3}{4}$免除月数 × $\frac{5}{8}$ +
半額免除月数 × $\frac{3}{4}$ + $\frac{1}{4}$免除月数 × $\frac{7}{8}$

老齢基礎年金の満額
(2021年度)

老齢基礎年金の計算例

計算例1 会社員(夫)と専業主婦の家庭

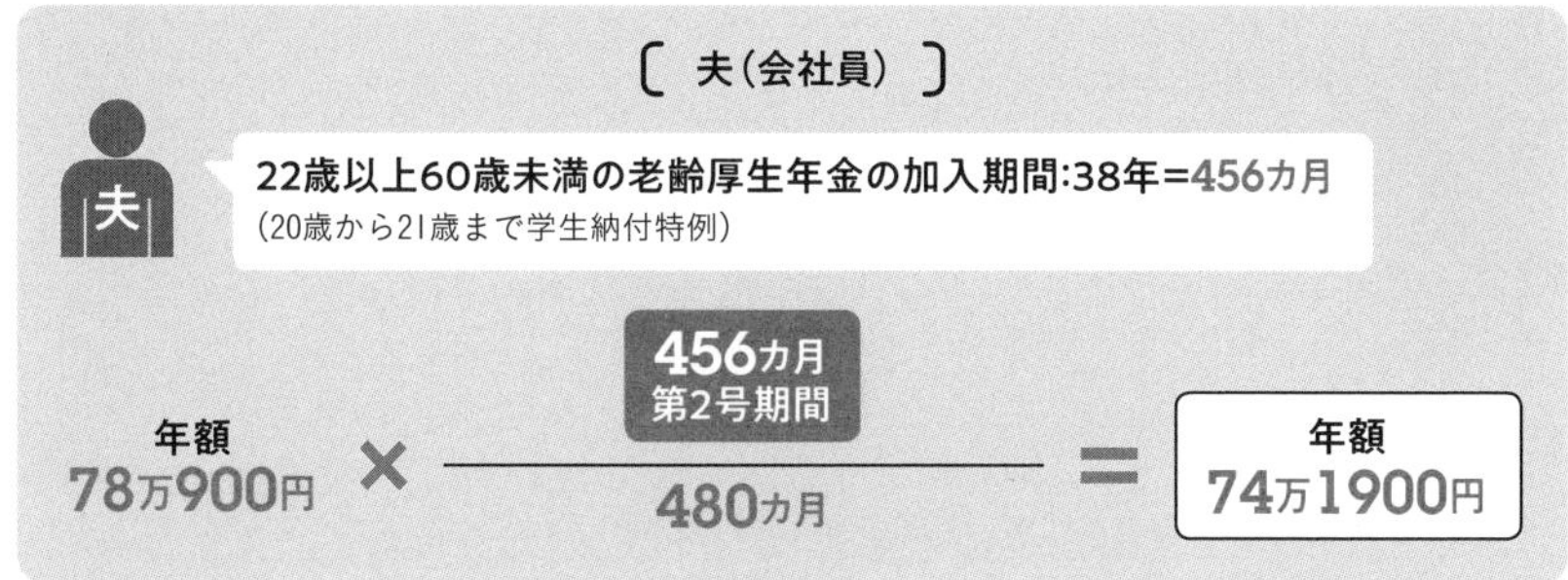

〔夫(会社員)〕
夫
22歳以上60歳未満の老齢厚生年金の加入期間:38年=456カ月
(20歳から21歳まで学生納付特例)
年額
78万900円
×
456カ月
第2号期間
480カ月
=
年額
74万1900円

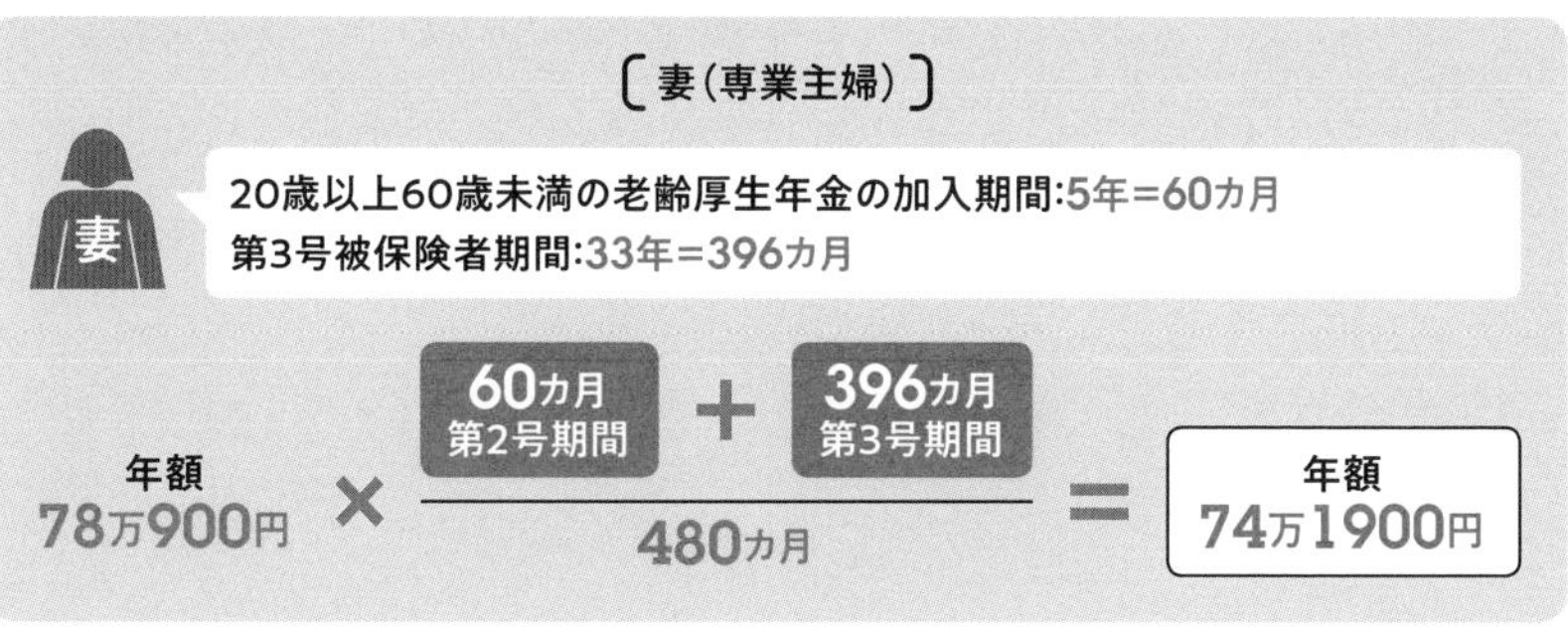

※100円未満は四捨五入

厚生年金は収入と加入期間で変わる!?

支払う保険料が多いともらえる年金額も大きい

国民年金保険料が収入にかかわらず定額であるのに対し、厚生年金の保険料は、月収の18・30%です。つまり収入が多いほど、多くの保険料を支払う仕組みです（65万円までの上限あり）。月給の約18%といっても、全額自分で支払うわけではなく、雇用主である会社が保険料の半分を負担しています。

収入が高く、支払う保険料が多い人ほど、それに伴って受け取る年金額も多くなり、加入期間によっても変わってきます。自分が将来いくら年金をもらえるのかは「早見表」を使うことで、おおよその金額を計算することができます。

左図は、10年間会社員だった女性が30歳から60歳まで専業主婦だった場合と42歳から再び働き出した場合の年金額です。

老齢基礎年金はどちらも満額で約78万円ですが、30年間専業主婦だった場合は、結婚前の会社員時代の10年間分の老齢厚生年金分約16万円がプラスされるのみ。それに対し、42歳から60歳まで働いた場合は、老齢厚生年金は約46万円に増えます。**年金額を増やすには、厚生年金に加入し、できるだけ長く働き続けることが有効だということがわかります。**

老齢厚生年金と老齢基礎年金の早見表

	平均年収300万円（平均標準報酬額25万円）		基礎年金（年収に関係なく）	
加入期間	年額（万円）	月額（万円）	年額（万円）	月額（万円）
40年	66	5.5	78	6.5
38年	62	5.2	74	6.2
36年	59	4.9	70	5.8
34年	56	4.7	66	5.5
32年	53	4.4		
30年	49	4.1		
28年	46	3.8		
26年	43	3.6		
24年	39	3.3		
22年	36	3.0		
20年	33	2.8		
18年	30	2.5		
16年	26	2.2		
14年	23	1.9		
12年	20	1.7		
10年	16	1.3		

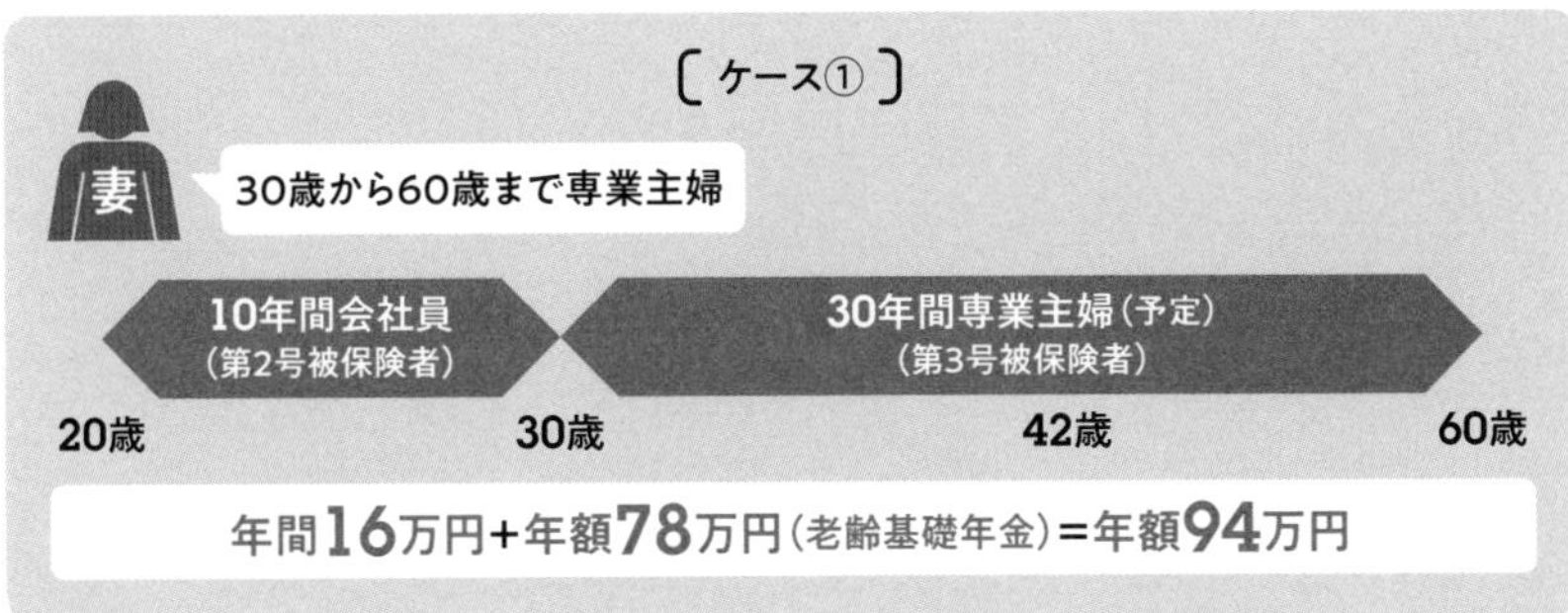

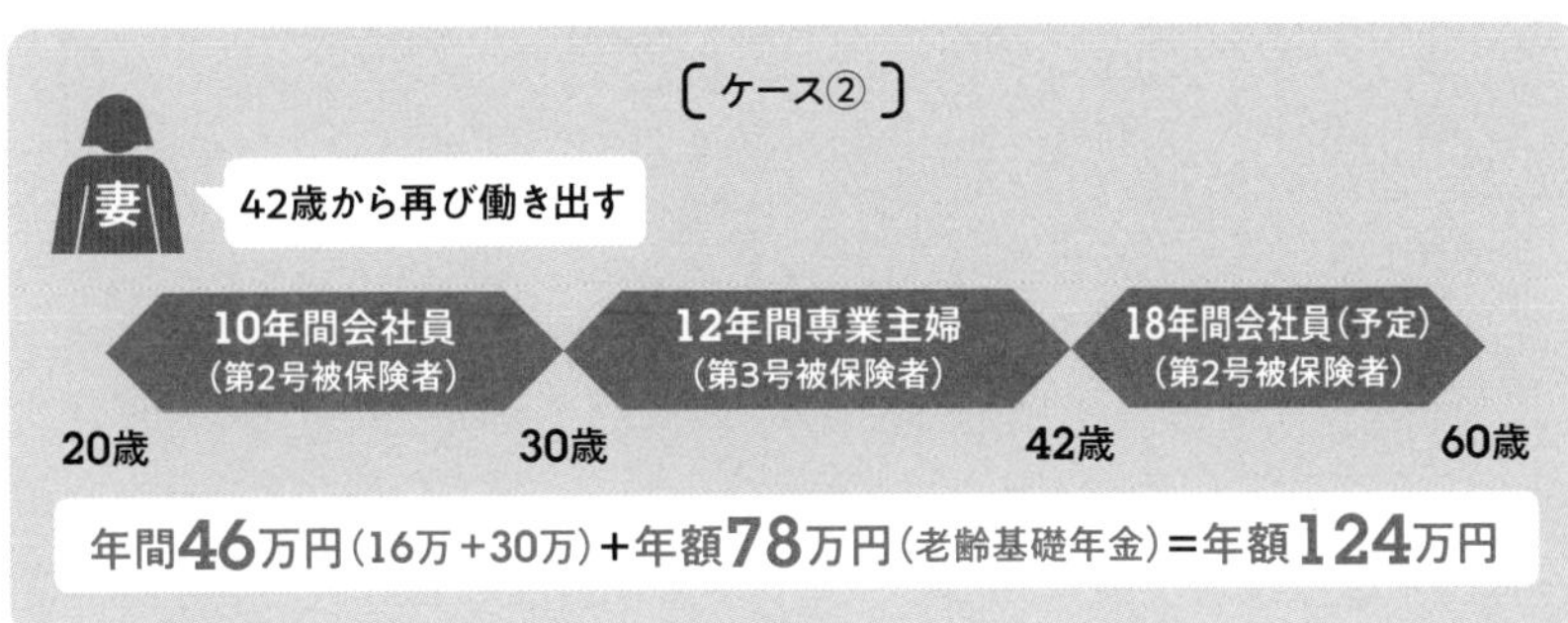

厚生年金は何歳まで入っていていいの？

70歳まで加入し続ければ収入と期間に応じて年金は増額に

国民年金の加入は60歳までで、40年間加入すると、満額支払われるルールがありますが、**厚生年金には満額という考え方はなく、70歳まで加入することができます。**そのため、定年後も会社員として働き、厚生年金に加入し続ければ、収入と期間に応じて年金額が増えます。

では定年後どれだけ働けば、年金をどれだけ増やすことができるのか。これは、左ページの計算式に、定年後の年収想定額と働く年数を当てはめることで、おおよその目安の金額を割り出すことができます。例えば定年後、年収300万円で5年間働いた場合は、8万2500円が増額します。

また左ページの下の表は、定年後に働く年数と定年後の年収に応じて増える年金額の目安を表した早見表です。この表を見ると、60歳定年以降に年収150万円で、65歳まで働いた場合、年金の受給額は年間約4万円、70歳まで働いた場合は年間約8万円も増えることがわかります。

60歳以降も年金額を増やしていきたい場合、**定年後もできるだけ長く、厚生年金に加入し働き続ける**ことが必要となります。

年金増額の目安がざっくりとわかる計算式

定年後の年収想定額÷100万円×5500×働く年数=年金の増額分(年)

注:5500は「平均標準報酬額×5.481/1000×月数」の計算式から簡易に求めた

例 定年後に年収300万円で5年間働いた場合

300万円÷100万円×5500×5年=8万2500円

注:試算数字は目安。

定年後に働くことでいくら年金は増える? 早見表

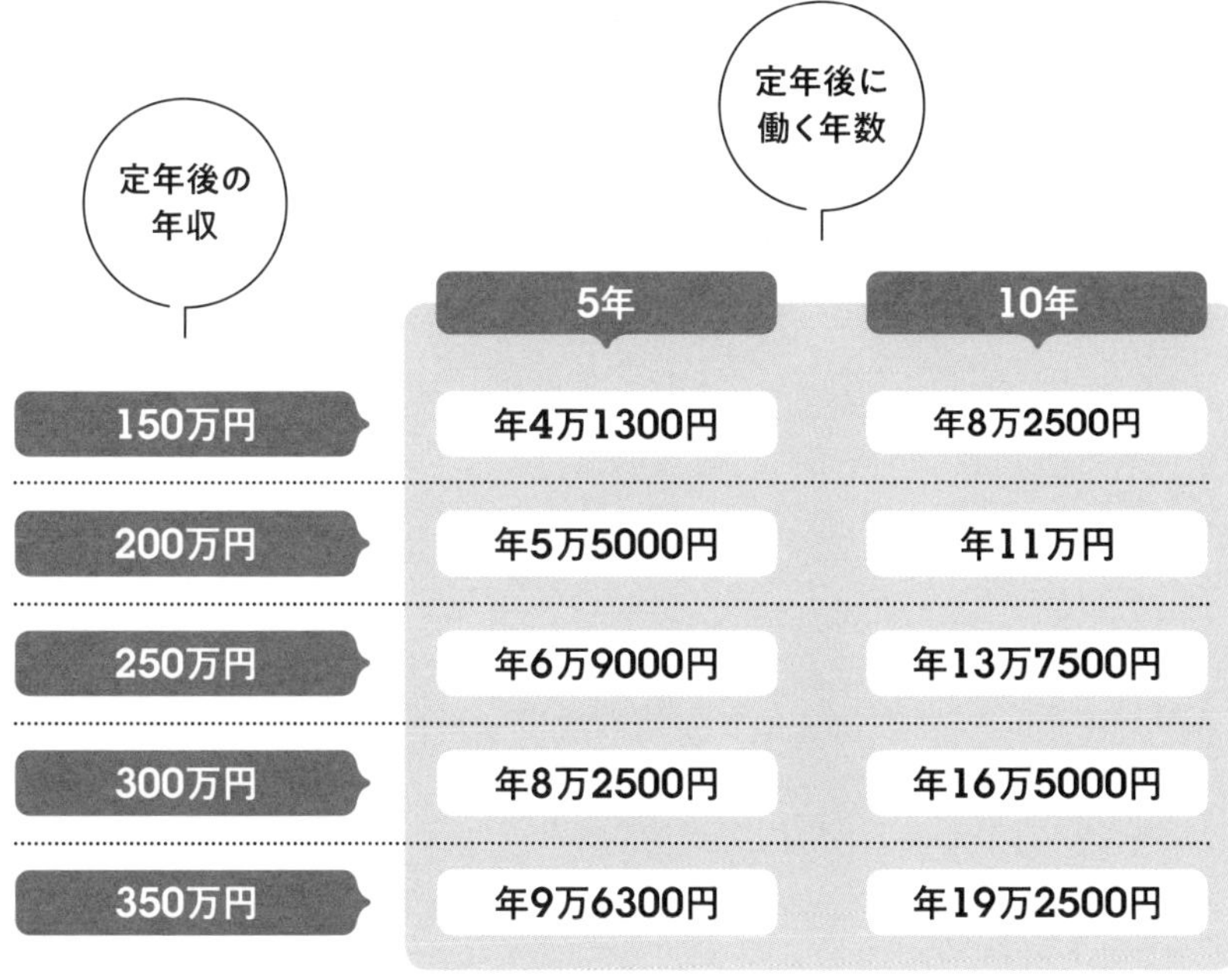

定年後の年収	定年後に働く年数 5年	定年後に働く年数 10年
150万円	年4万1300円	年8万2500円
200万円	年5万5000円	年11万円
250万円	年6万9000円	年13万7500円
300万円	年8万2500円	年16万5000円
350万円	年9万6300円	年19万2500円

60歳以降、会社員として働き、厚生年金保険に加入したケース。
※上記の計算式の概算

離婚すると夫の年金がもらえる？入るお金は？

婚姻期間中の厚生年金加入記録を分割できる

離婚をした場合、婚姻期間中に築いた財産については夫婦共有の財産として扱われます。

年金についても同様に、婚姻期間中の厚生年金加入記録を分割できる制度があります。これは**婚姻期間中の加入記録を多い人から少ない人に分ける「合意分割」というものです。**分割の割合は当事者間の合意、または裁判手続きにより決定し、按分割合は全体の50％までの割合で決めることが可能です。

また自分が第3号被保険者（夫が会社員、妻が専業主婦など）の場合、婚姻期間中の夫の厚生年金記録を当事者間で半分に分割できる「3号分割」という制度があります。分割をするには妻から請求することが必要ですが、当事者間の合意は必要ありません。

「合意分割」「3号分割」ともに分割の請求期限は離婚が成立した翌日から2年以内です。夫が自営業などの第1号被保険者で厚生年金に加入していない場合は対象外です。また公的年金制度の加入期間が10年に満たない場合は、分割した年金を受け取ることができません。

合意分割のイメージ

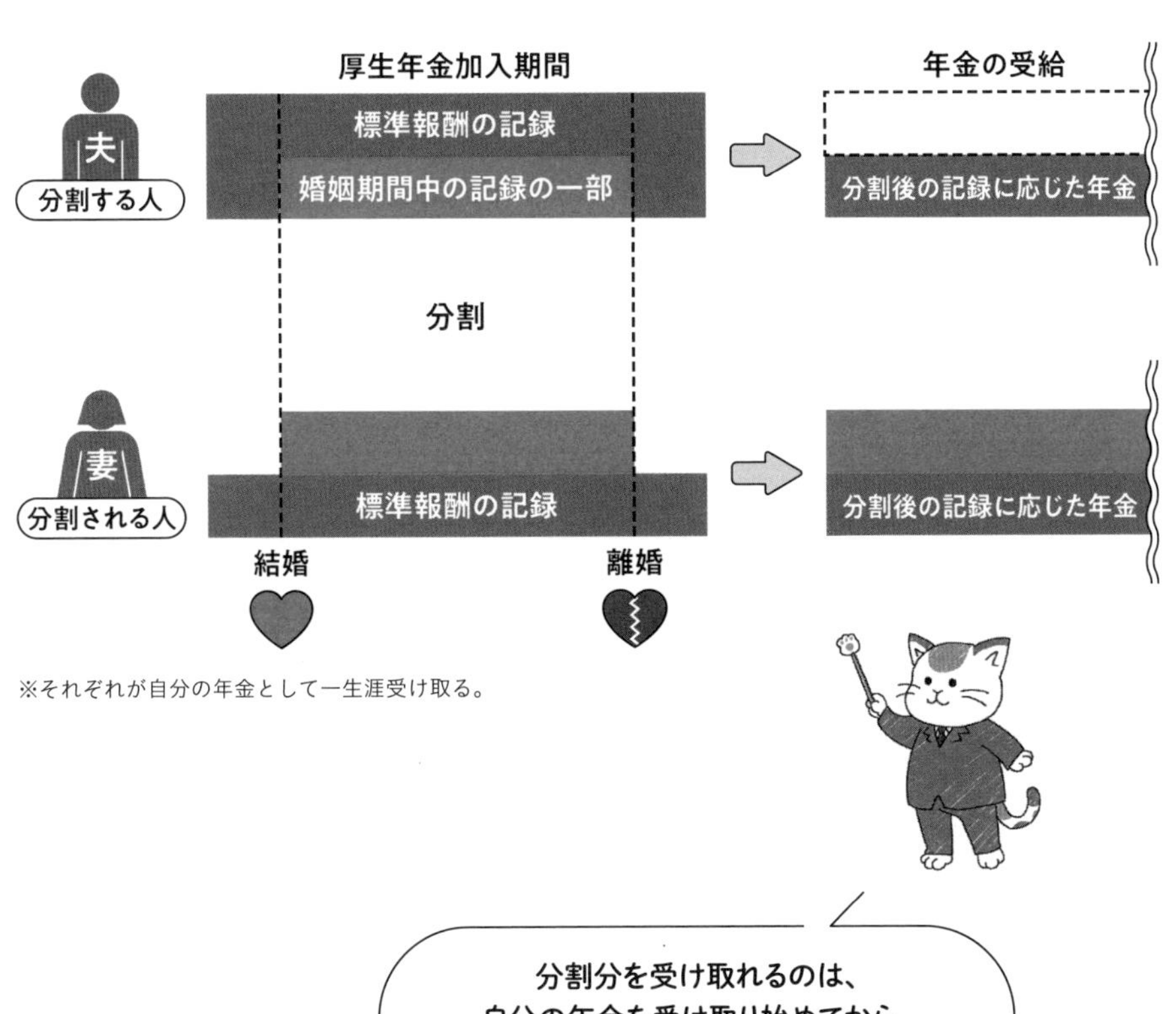

※それぞれが自分の年金として一生涯受け取る。

分割分を受け取れるのは、
自分の年金を受け取り始めてから。
離婚後すぐには受け取れないので注意を！

定年後に減った月給を補てん「高年齢雇用継続給付」

60歳時と比較して継続雇用後賃金が75%未満に下がると給付される

定年後も会社に勤めて働いた場合、現役時代より月給（賃金）が下がることが多くあります。その軽減分を補てんするのが、「高年齢雇用継続給付」制度です。継続雇用などで働く場合の「高年齢雇用継続基本給付金」と退職後に失業給付（基本手当）を100日分以上残して再就職した場合の「高年齢再就職給付金」の２種類があります。このうち継続雇用で働く人に関係するのは高年齢雇用継続給付金です。受給には要件があり、①60歳以上65歳未満の雇用保険被保険者であること、②60歳時点で被保険者であった期間が5年以上あること、③60歳時と比較して再雇用後の賃金月額が75％未満になっていること、の三つです。

給付金は60歳以降の月給に支給率を掛けて計算され、月給が下がるほど支給率が上がり、最高で月給の15%が支給されます。ただし、月給が一定水準より高い場合（賃金月額36万5114円）は、支給されません。

このように60歳になり賃金が75％未満に下がった時は、会社を管轄する公共職業安定所に給付金を申請します。手続きは会社が行ってくれます。

支給額早見表(2020年8月現在)

60歳以降の各月の賃金	60歳到達時等賃金月額(賃金日額×30日分)							
	47万9100円以上	45万	40万	35万	30万	25万	20万	15万
35万	6090	0	0	0	0	0	0	0
34万	1万2614	0	0	0	0	0	0	0
33万	1万9173	4917	0	0	0	0	0	0
32万	2万5696	1万1456	0	0	0	0	0	0
31万	3万2240	1万7980	0	0	0	0	0	0
30万	3万8760	2万4510	0	0	0	0	0	0
29万	4万3500	3万1059	6525	0	0	0	0	0
28万	4万2000	3万7576	1万3076	0	0	0	0	0
27万	4万500	4万500	1万9602	0	0	0	0	0
26万	3万9000	3万9000	2万6130	0	0	0	0	0
25万	3万7500	3万7500	3万2675	8175	0	0	0	0
24万	3万6000	3万6000	3万6000	1万4712	0	0	0	0
23万	3万4500	3万4500	3万4500	2万1252	0	0	0	0
22万	3万3000	3万3000	3万3000	2万7764	3278	0	0	0
21万	3万1500	3万1500	3万1500	3万1500	9807	0	0	0
20万	3万	3万	3万	3万	1万6340	0	0	0
19万	2万8500	2万8500	2万8500	2万8500	2万2876	0	0	0
18万	2万7000	2万7000	2万7000	2万7000	2万7000	4896	0	0
17万	2万5500	2万5500	2万5500	2万5500	2万5500	1万1441	0	0
16万	2万4000	2万4000	2万4000	2万4000	2万4000	1万7968	0	0

【番外編】

手取りが減るから気が進まないパートは厚生年金に加入すべき？

2024年までに段階的に厚生年金加入の適用が拡大

20時間以上の短時間勤務でも厚生年金に加入できる場合も！

パートやアルバイトとして働く場合、現在では原則30時間以上の勤務が必要です。ただし20時間以上の短時間の勤務でも従業員が501人以上の企業、雇用期間が2カ月を超える（見込みを含む）、決まった月収が8万8000円（年収105万6000円）以上などの条件を満たすと、厚生年金への加入対象となります。働き方の多様化に伴い、加入条件の従業員数501人以上が2022年10月から「101人以上」に、2024年10月からは「51人以上」と段階的に拡大されます。

厚生年金に加入をすれば、厚生年金保険料の負担（事業主と折半）はありますが、**将来受給できる年金は、老齢基礎年金に加え老齢厚生年金の2階建てになり、一生涯受給できます。**

社会保険加入の適用が拡大される！

①企業の規模

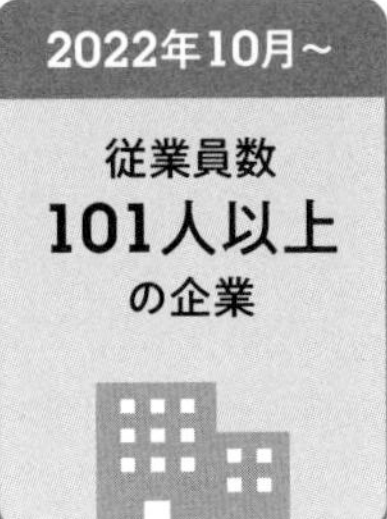

2024年10月～
従業員数
51人以上
の企業

従業員数の数え方は
フルタイムの従業員
＋
週労働時間がフルタイムの3/4以上の従業員数
（パート・アルバイト含む）

②新たな加入対象者（以下の条件をすべて満たすパート・アルバイト）

- ✓ 週の所定労働時間が20時間以上
- ✓ 月額賃金が8.8万円以上
- ✓ 2カ月を超える雇用の見込みがある
- ✓ 学生ではない

厚生年金に加入すると年金受給額は増える？

将来受け取れる年金が増える以外にも障害年金や健康保険加入でメリットも

年収により、どれくらい将来もらえる年金は増えるのでしょう？　年収が106万円、130万円、200万円の場合について、手取りと将来もらえる年金額をシミュレーションしました。年収106万円でも60歳まで働いた場合、年間約11万円、65歳まで働いた場合は約14万円受取額を増やすことができます。

またその他にも厚生年金に加入をすることでメリットがあります。病気やケガで生活や仕事が制限されるようになった場合に受け取ることができる「障害年金」は、老齢年金と同じように障害基礎年金と障害厚生年金の2階建ての制度になっていますが、国民年金加入者は障害基礎年金のみ。厚生年金加入者は**支給要件を満たせば「障害厚生年金」も受け取れます。**また障害基礎年金では障害の程度が重い「障害1級」「障害2級」のみですが、障害厚生年金では「障害3級」や「障害手当金」も受給の対象になります。

さらに社会保険に加入すると、健康保険本人として加入することになりますが、**病気などの療養で4日以上仕事を休むと傷病手当金が最高1年半受給できる**など、手厚い保障を受けることができます。

厚生年金加入歴のない40歳女性がパートで社会保険に加入すると……?

● 社会保険料（月額）

年収	106万円の場合（標準報酬月額:8.8万円）	130万円の場合（標準報酬月額:11万円）	200万円の場合（標準報酬月額:17万円）
厚生年金保険料	8052円	1万65円	1万5555円
健康保険料（東京都協会けんぽ）	5121円	6402円	9894円

● 税金（年額）と年間の手取り

年収	106万円の場合	130万円の場合	200万円の場合
住民税	5000円	1万4500円	6万8000円
所得税	0	3600円	2万7200円
手取り（年間）	90万円	108万3500円	160万6700円

● 老齢厚生年金受取額（年額）

年収	106万円の場合（標準報酬月額:8.8万円）	130万円の場合（標準報酬月額:11万円）	200万円の場合（標準報酬月額:17万円）
60歳まで加入の場合	11万5800円	14万4700円	22万3600円
65歳まで加入の場合	14万4700円	18万900円	27万9500円

※社会保険料には雇用保険もあり控除される

PART 3

【公的年金 家計見直し編】

老後の生活費を意識して家計を整える

まずは今の家計を把握して費目ごとにチェック

「老後資金2000万円問題」はどうなった？おとな女子が用意しておくべき老後資金

2019年に発表され話題となった「老後資金2000万円問題」。公的資金だけではまかなえず、老後資金が2000万円不足するという試算が金融庁の報告書に記載されました。この数字は、2017年度のデータで、総務省が調査をしている「家計調査報告」の「高齢夫婦無職世帯の家計収支」がベースとなっており、同報告書の2017年の毎月の実収入額と実消費額を比較し、不足分が生じた分を単純に30年分にして計算されています。しかも不足分についてはその後発表されたデータでは、2018年は1507万円、2019年は1198万円、2020年は55万円とどんどん数字が減っているのです。

これらのデータはおひとりさまには当てはまりません。**退職後の家計については、実際に自分でシミュレーションをしてみることが大切**です。

定年後の必要総額・簡易試算公式

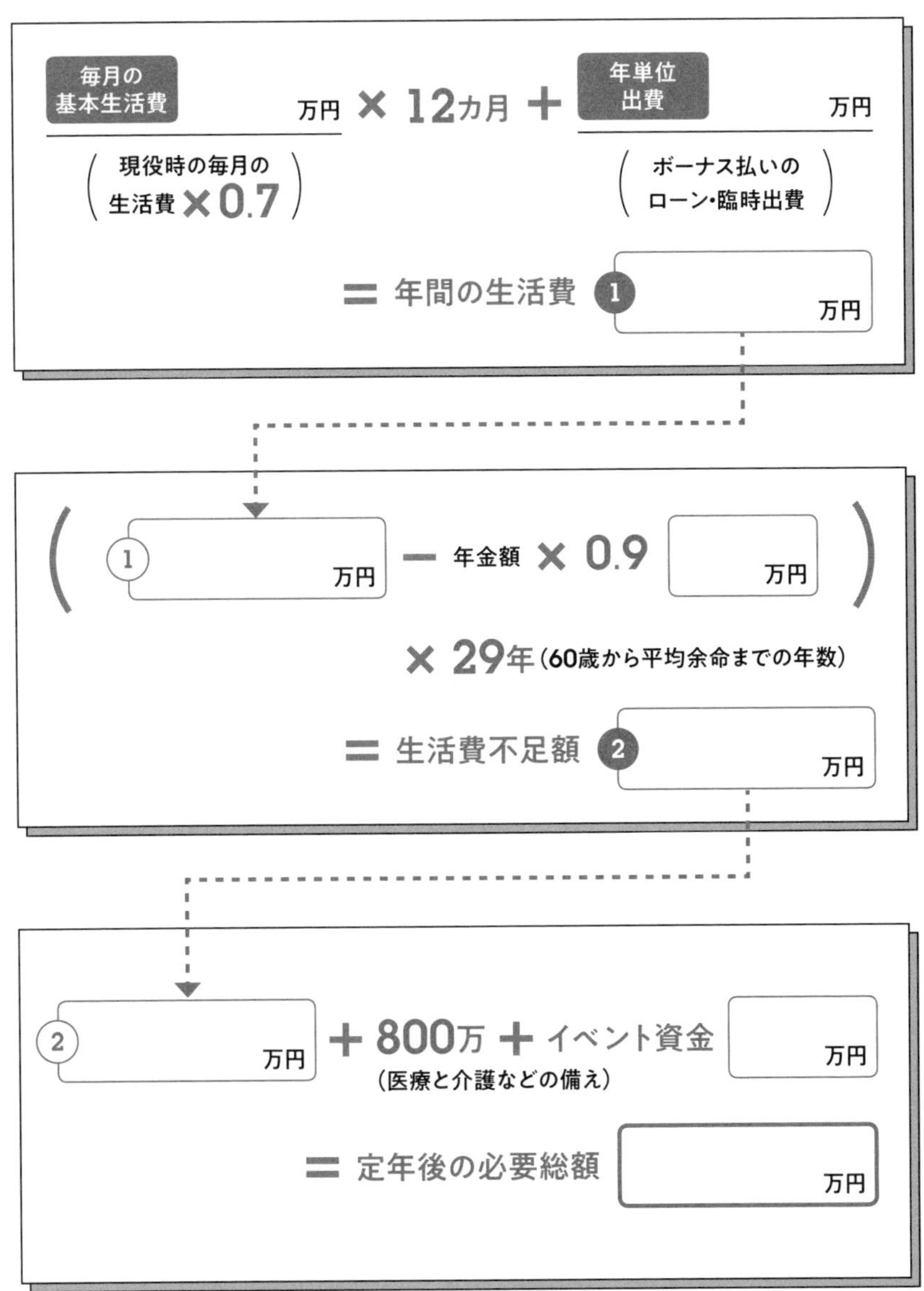

毎月の基本生活費
万円
×12カ月＋
年単位出費
万円
（現役時の毎月の生活費×0.7）
（ボーナス払いのローン・臨時出費）
＝年間の生活費 1
万円
（1 万円 − 年金額×0.9 万円）
×29年（60歳から平均余命までの年数）
＝生活費不足額 2
万円
2 万円 ＋800万 ＋イベント資金 万円
（医療と介護などの備え）
＝定年後の必要総額
万円

会社員、フリーランス 実際の生活のイメージは？

老齢基礎年金のみのフリーランスはかなりシビア

会社員と自営業やフリーランスでは、受け取る年金が異なり、受取り金額も変わってきます。左ページは年金だけでそれぞれの老後の家計簿をシミュレーションしたものです。まず会社員の場合、第2号被保険者にあたり、公的年金は老齢基礎年金と老齢厚生年金の二つを受け取ることができ、合計して月額15万円の年金収入があります。それほど贅沢をしなければ、生活をしていけそうな印象です。食費や日用品など変動費の節約は比較的簡単ですが、問題なのは住居費。住む地域や賃貸、分譲などでかかる金額は変わってきますが、シミュレーションのような金額に抑えることはかなり難しいのが現実です。

第1号被保険者である自営業やフリーランスの人の老後の家計簿はさらにシビアです。公的年金は老齢基礎年金のみ。満額でもらえて約月6万5000円です。会社員の人の年金の半額以下で生活をすることになり、娯楽費や交際費などには一切お金を使えません。**自営業やフリーランスは定年がないため、何歳まででも働けますが、高齢になっても同じペースで働くのは難しく、公的年金以外のお金を準備しておくことは必須です。**

年金生活 家計簿シミュレーション

入るお金

月額15万円

出るお金

生活費項目	理想の割合	金　額
食費	23%	3万4500円
日用品費	4%	6000円
住居費	10%	1万5000円
水道光熱費	7%	1万500円
通信費・交通費	5%	7500円
教養・娯楽費	6%	9000円
被服・美容費	4%	6000円
健康・医療費	6%	9000円
交際費	6%	9000円
民間保険料	4%	6000円
社会保険料・税金	12%	1万8000円
こづかい・その他	13%	1万9500円

入るお金

月額6万5000円

出るお金

生活費項目	理想の割合	金　額
食費	46%	2万9900円
日用品費	5%	3250円
住居費	15%	9750円
水道光熱費	15%	9750円
通信費・交通費	5%	3250円
教養・娯楽費	0%	0円
被服・美容費	4%	2600円
健康・医療費	5%	3250円
交際費	0%	0円
民間保険料	0%	0円
社会保険料・税金	5%	3250円
こづかい・その他	0%	0円

年金だけで暮らすのは難しい 今からダウンサイジングを意識する

50代の浪費はそのまま定年後の自分を追い詰めることに！

年金だけで暮らすのは難しい上に、２０２１年度から公的年金額改正ルールも変わり、今後さらに物価や賃金に比べて抑制される傾向です。限られた金額の範囲内で生活できる能力を身につけておくことは重要です。

現役時代の金銭感覚のまま年金生活に入ってしまうと、赤字は想定していた金額よりもさらに膨らんでしまいます。特に50代を大きいお財布で暮らすことに慣れてしまうと、なかなかその習慣は抜けず、資産が減るスピードは加速してしまいます。

ダウンサイジングの効果が最も大きいのも50代。勤労収入があるうちは、頑張った分貯蓄にまわせる部分を大きくできます。高級スーパーで買い物をする、旅行に頻繁に行く、外食が好きなど、浪費癖がある人は暮らしの見直しをして、削れそうなものは今のうちに削減を。**50代の浪費はそのまま定年後の自分を追い詰めることにつながり、老後破綻のリスクを高めてしまいます。**早めに気を引き締めていきましょう。

また家の住み替えなどは体力のある60代までと思っておくとよいでしょう。

老後に向けて踏まえるべき4カ条

POINT 1
使えるお金を書き出す

年金や給与などの収入と、税金、社会保険料など控除されるお金を書き出し、毎月の使える金額を確認する。貯蓄など資産についても金額を把握する

POINT 2
暮らしに必要な額を知る

ふだんの暮らしにいくら必要なのか、日々の支出や口座から引き落とされている水道光熱費や通信費などを家計簿につけて確認する

POINT 3
自分に合ったお金の使い方を考える

使えるお金と暮らしに必要な額を照らし合わせ、1カ月にいくらで暮らせるのか予算を立てる。節約できそうな項目については検討する

POINT 4
大きな支出があることも予定しておく

普段の暮らしに必要なお金以外に、通院や入院、介護、住宅リフォームなど、今後必要になりそうな大きな支出も予定して準備しておく

今の生活費を書き出してみよう

源泉徴収票から現在の正確な収入を把握する

退職後の収支について何となくイメージが浮かんできたところで、実際に自分の定年後の収入や支出を具体的にシミュレーションしてみましょう。そのためには、現状の生活費を把握しておくことが必要です。

まずは**自分の現在の収入を正確に把握**します。年間でいくら受け取ったのかは、１月頃に勤務先から受け取る源泉徴収票で確認できます。左図の源泉徴収票の支払い金額から源泉徴収税額、社会保険料がわかります。さらに、年間の住民税額を差し引いた分が手取りの収入になります。

次に**支出について書き出し**ます。食費や水道光熱費、交際費などは「基本生活費」とし、その他「住居費」「教育費」「保険料」「一時支出」「その他」に分けて書き出します。家計簿をつけてこなかった人は、これを機につけてみましょう。何にいくら使っているのかが、だいたいわかればよいので、大きなモレがないよう記録することが大切です。

残った分が貯蓄となりますが、**貯蓄のための我慢は禁物。先取り貯蓄をして、知らないうちに貯まっていた、というような貯め方が長く続けるコツです。**

1年間の手取り収入は？

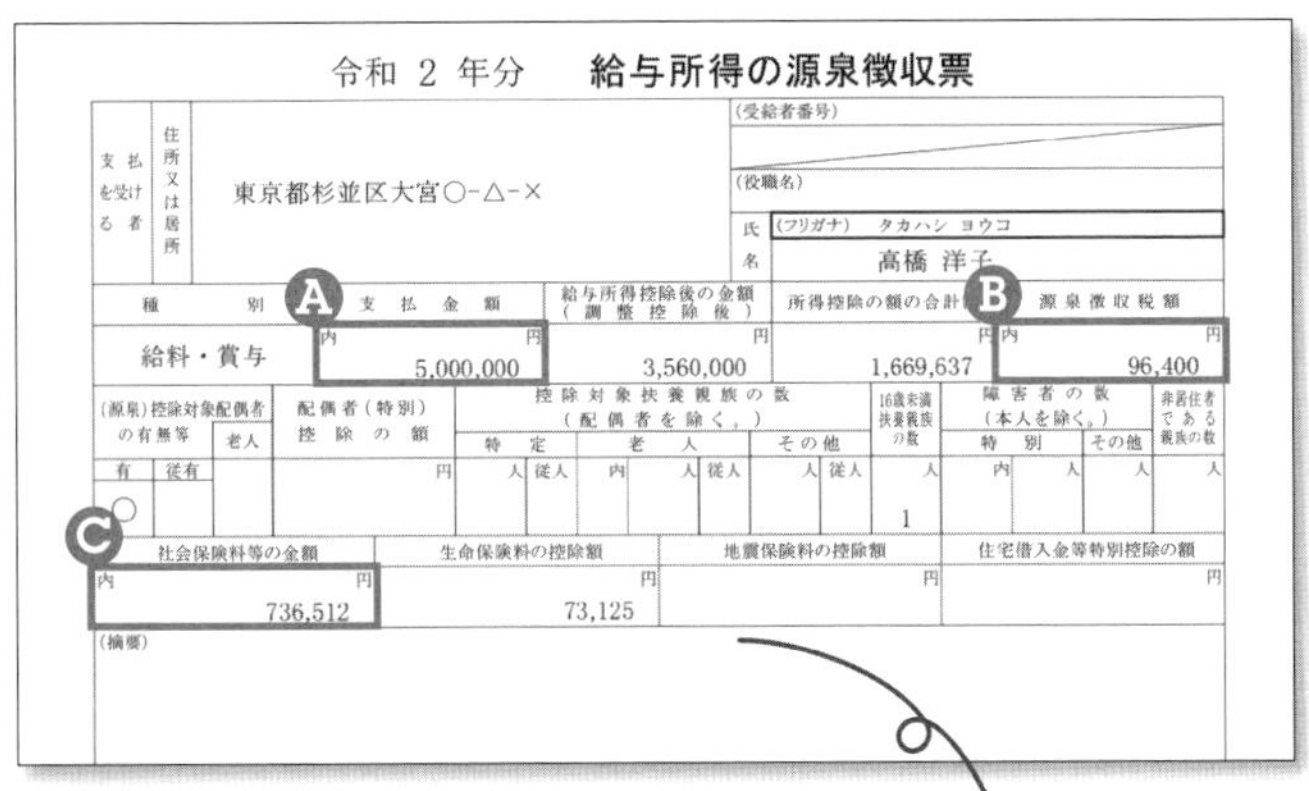

令和 2 年分　給与所得の源泉徴収票

支払を受ける者　住所又は居所	東京都杉並区大宮○-△-×
(受給者番号)	
(役職名)	
氏名 (フリガナ)	タカハシ ヨウコ　高橋 洋子

種別	Ⓐ 支払金額	給与所得控除後の金額（調整控除後）	所得控除の額の合計額	Ⓑ 源泉徴収税額
給料・賞与	内 5,000,000円	3,560,000円	1,669,637円	内 96,400円

(源泉)控除対象配偶者の有無等	老人	配偶者(特別)控除の額	控除対象扶養親族の数（配偶者を除く。）特定	老人	その他	16歳未満扶養親族の数	障害者の数（本人を除く。）特別	その他	非居住者である親族の数
有 ○ 従有		円	人 従人	内 人 従人	人 従人	1 人	内 人	人	人

Ⓒ 社会保険料等の金額	生命保険料の控除額	地震保険料の控除額	住宅借入金等特別控除の額
内 736,512円	73,125円	円	円

(摘要)

社会保険料
所得税・住民税

年収

手取り年収
(可処分所得)

支払い金額Ⓐ	① 5000000円	
源泉徴収税額Ⓑ	② 96400円	
社会保険料等の金額Ⓒ	③ 736512円	
住民税額 Ⓓ×12カ月※	④ 314400円	
手取り年収(可処分所得)	⑤ 3852688円	

※D：住民税(月)2万6200円(給与明細から転記)

あなたの
数字を入れて
みよう！

手取り年収 ＝ Ⓐ － Ⓑ － Ⓒ － Ⓓ

1年間でいくら使った？　いくら貯めた？

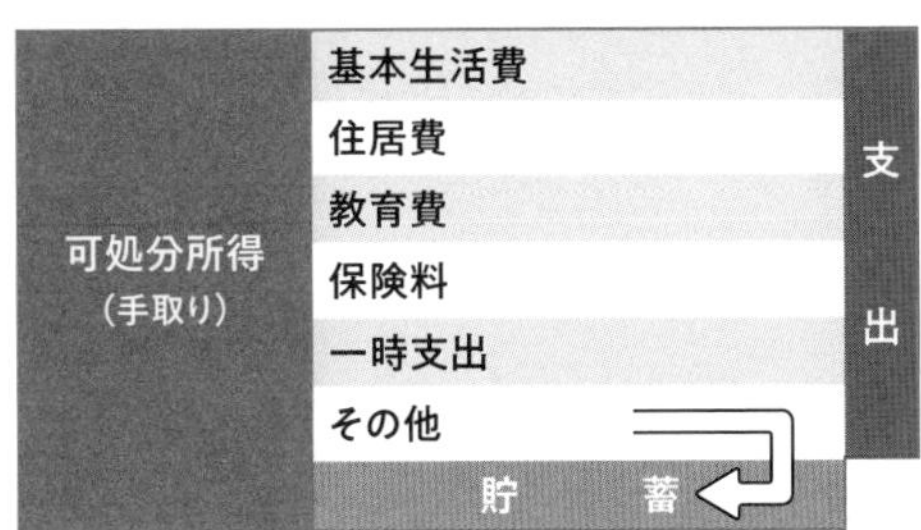

先取り貯蓄なら
知らないうちに
貯まっている

毎月の生活費だけではダメ特別費も記録しよう

支出は85%までに抑えて貯蓄を15%できていればOK

家計には、毎月の生活費以外にも出費があります。年間でかかる「特別費」です。例えば家電の買い替え費用、冠婚葬祭費、年払いの保険料など、年間でかかる費用が特別費にあたります。

一カ月にかかる生活費が見えてきたら、12倍します。その金額に特別費の合計を足したものが、現在の年間の生活費となります。

115ページで計算した手取りの年収と比較してみましょう。お金に余裕があって貯蓄にまわせていますか？　実は**赤字ギリギリで、貯蓄がほとんどできていなかったという人は注意が必要**です。毎月の生活費を細かく見直していく必要があります。

左ページはシングル一人暮らしの理想の支出割合です。被服費や交際費を減らし、その分、自分のスキルアップのための教育費にまわしたいところです。それぞれの比率については、その人次第なところはありますが、全体的に**支出は85%まで**に抑え、**残りの15%は貯蓄**にまわせていればOKです。できれば収入を上げて、貯蓄率20%を目指したいところです。

シングル一人暮らし　理想の支出割合

可処分所得（手取り20万の場合）				
	基本生活費	35%	（7万）	支出
	住居費	30%	（6万）	支出
	自分の教育費	6%	（1.2万）	支出
	保険料	%	（万）	支出
	被服費・交際費	10%	（2万）	支出
	その他	4%	（0.8万）	支出
	貯蓄	15%	（3万）	

● 基本生活費（35%）の内訳

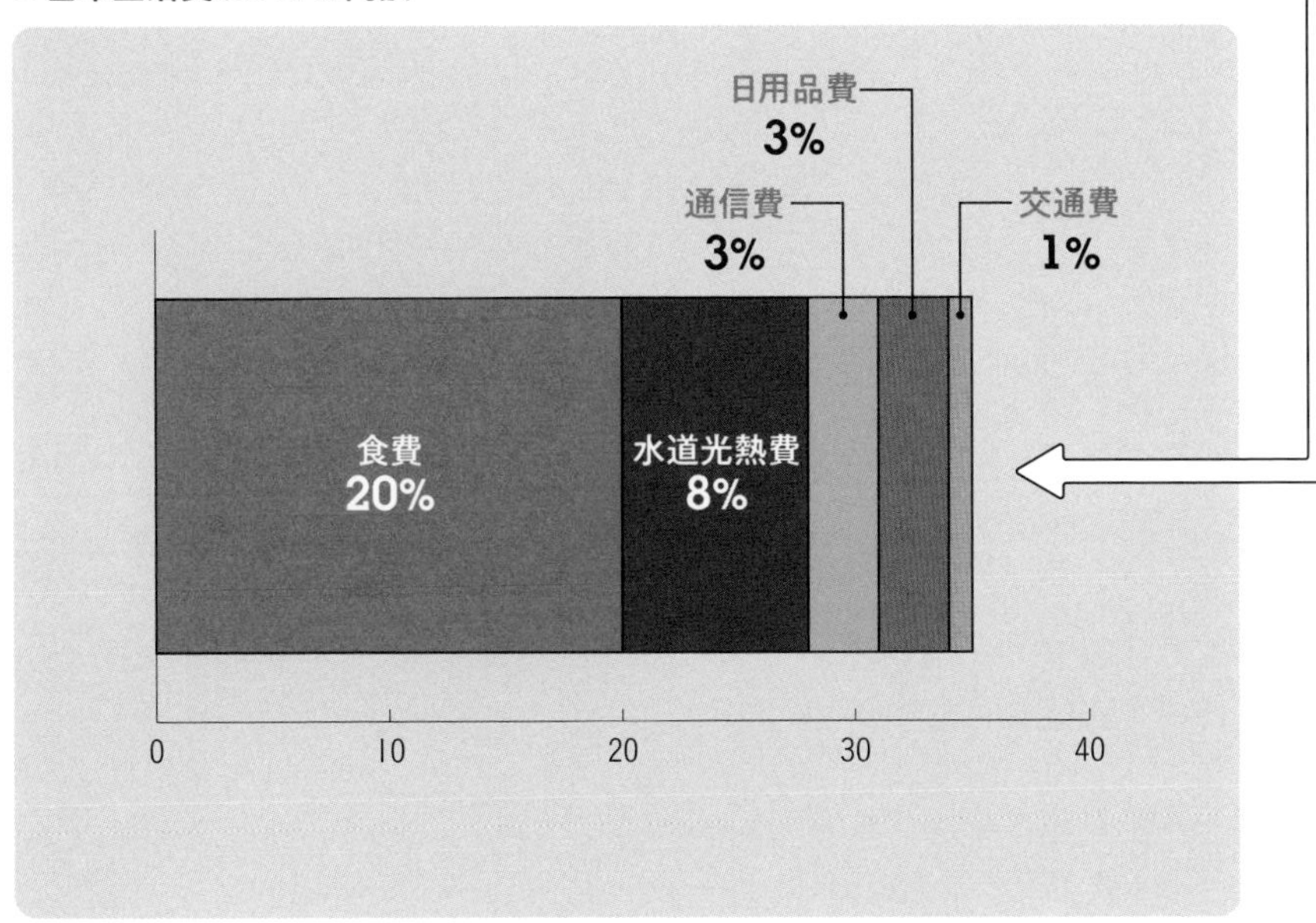

シングルマザーは即申請を「児童扶養手当」

ひとり親家庭への支援制度や進学支援などの制度をフル活用しよう

離婚をし、18歳未満の子どもを引き取って養育する場合、**まず申請をすべきは「児童扶養手当」**です。子ども一人につき満額で月額4万3160円、二人目1万190円、三人目以降6110円が加算されます。受給には所得制限があり、例えば子ども一人の場合、満額が支給されるのは収入額160万円（所得が87万円）以下です。

その他にも医療費や住宅費助成制度や水道料金減免など、自治体によって異なりますが、ひとり親家庭への支援制度があります。

教育費については、2020年4月より**「高等教育の修学支援新制度度」**が始まっています。低所得者向けの給付型奨学金制度で、高等教育機関（大学・短大・高専・専門学校）の入学金や授業料が減額または免除されるものです。

シングルマザーが知っておきたい支援制度

● 児童手当支給額

	全額支給	一部支給
1人目	月額4万3160円	所得に応じて月額4万3160円から1万180円まで10円単位で変動
2人目	1万190円加算	1万180円から5100円まで10円単位で変動
3人目	6110円加算	6100円から3060円まで10円単位で変動

全額支給されるのは所得制限額未満の場合のみ

● 児童扶養手当支給の所得制限限度額

親族の扶養人数	受給資格者本人（母、父または養育者）		扶養義務者・配偶者・孤児等の養育者
	全額支給	一部支給	
0人	49万円	192万円	236万円
1人	87万円	230万円	274万円
2人	125万円	268万円	312万円
3人	163万円	306万円	350万円

※手当は父母いずれでも受給可能

出典：東京都福祉保健局

● 高等教育の修学支援新制度が利用できる年収の目安（母・18歳子ども1人の場合）

	年収の目安	支援額
住民税非課税	~約270万円	満額
住民税非課税世帯に準ずる世帯	~約300万円	満額の3分の2
	~約380万円	満額の3分の1

出典：文部科学省（高等教育の修学支援新制度について）

夫に先立たれたら受け取れることも!?「遺族年金」

夫が加入していた年金の種類で受給内容が変わる

夫が先に亡くなり、その先おひとりさまになるパターンも考えられます。夫に万が一のことがあった場合に受け取れるのが「遺族年金」です。

遺族年金には2種類あり、どの年金を受け取れるのかは、夫が加入・受給していた年金の種類によって異なります。夫が国民年金加入者であれば、**「遺族基礎年金」**、厚生年金加入者であれば、それに加えて**「遺族厚生年金」**が支給されます。その他にも厚生年金の場合、子どもがいない中高齢の妻が受け取れる**「中高齢寡婦加算」**があります。

それぞれ受け取れる家族について要件が異なります。例えば遺族基礎年金は子のない配偶者は受け取れませんが、遺族厚生年金は子の有無にかかわらず、原則、夫の老齢厚生年金の4分の3を一生涯受け取ることができます。

夫婦ですでに老齢厚生年金と老齢基礎年金を受給していた場合、夫の死後は、夫分の老齢基礎年金は引き継ぐことはできず自分の支給分のみになります。受取り金額は、少し細かな計算はありますが、左図の3パターンの金額のうち一番多いものになります。

遺族年金の仕組み

● 夫が亡くなった場合

	子のある妻または子	子のない40~65歳の妻	子のない40歳未満の妻
厚生年金	遺族厚生年金	遺族厚生年金 中高齢寡婦加算	遺族厚生年金
国民年金	遺族基礎年金		

● 老齢厚生年金を受給している妻が夫の死後に受け取る年金の額は

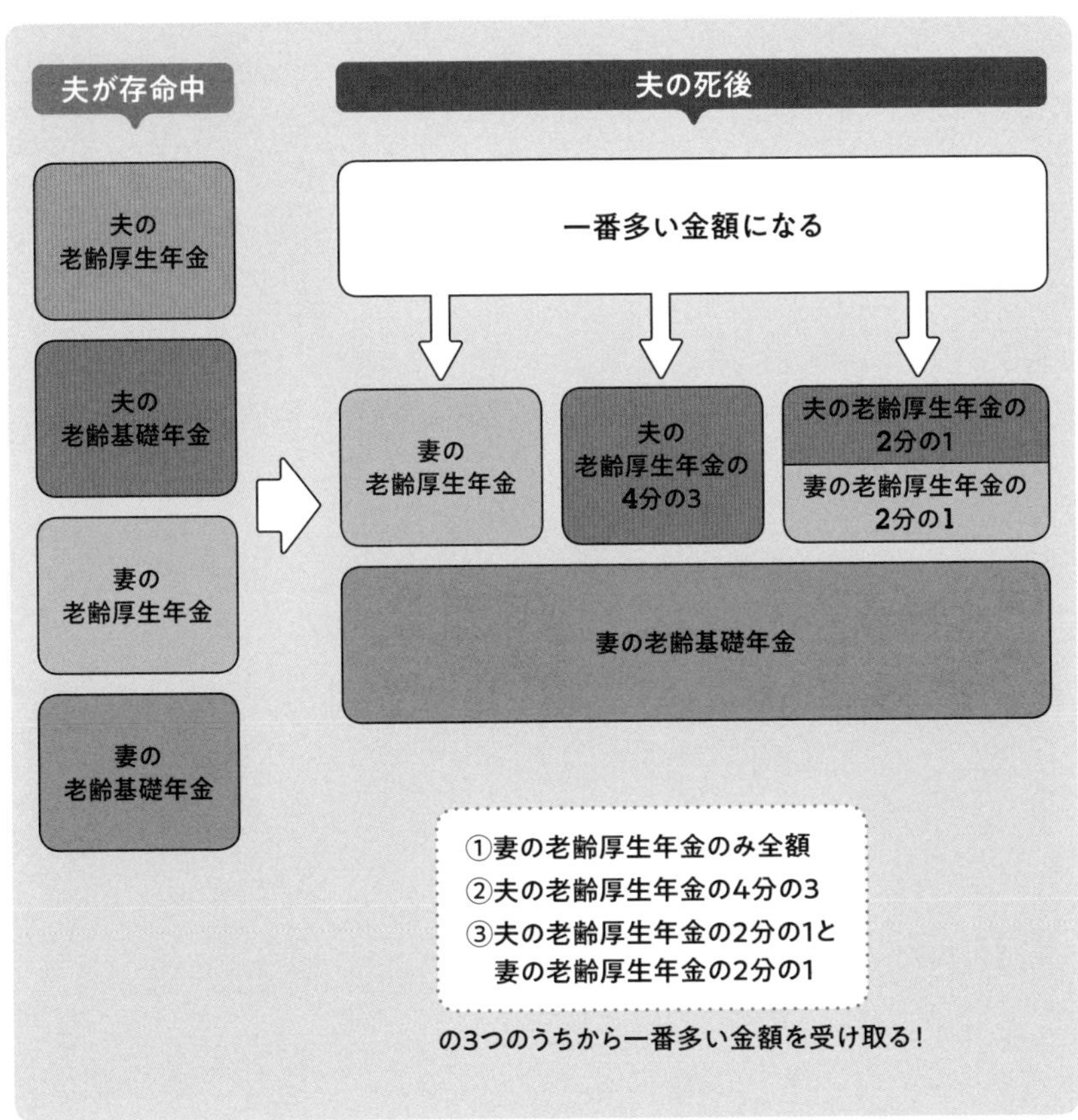

仕事を失ってしまったら「失業給付」の手続きを

離職理由や雇用保険加入期間などにより支給額、給付日数は異なる

勤め先の倒産やリストラ、契約満了などで失業してしまったら、**ハローワークで失業給付の申請を行いましょう。**失業給付（基本手当）を受給するためには、「雇用保険に一定期間加入していること」「現在失業中であること」「働く意思があり、仕事が決まればすぐに働ける状態であること」が条件となります。

基本手当の給付日数、支給額、受給期間は、離職理由や雇用保険加入期間、年齢や離職前の給与などの条件で決定されます。

パートやアルバイトでも、離職前の勤め先で雇用保険に加入しており、加入期間など一定の条件を満たしていれば受給できます。

失業給付は雇用保険の加入期間と年齢、離職前の給与から算出した基本手当のほかに、失業給付を受給している間に再就職が決まった場合には**再就職手当**が給付される場合があります。給付率は早く再就職が決まるほど高くなるように設定されています。さらに雇用保険の加入期間が3年以上などの条件を満たす人が厚生労働大臣の指定する講座を受講、修了すると、**教育訓練給付金**を受給できるなど、次の仕事を行いやすくする制度があります。

基本手当の給付日数

	一般の受給資格者（自己都合・定年退職）	倒産や解雇等による離職者（会社都合）	
被保険者期間	全年齢	45歳以上 60歳未満	60歳以上 65歳未満
1年未満	0日	90日	90日
1年以上5年未満	90日	180日	150日
5年以上 10年未満	90日	240日	180日
10年以上 20年未満	120日	270日	210日
20年以上	150日	330日	240日

基本手当日額の上限・下限額

	支給上限額	支給下限額
30歳以上45歳未満	7605円	2059円
45歳以上60歳未満	8370円	
60歳以上65歳未満	7186円	

イベント費も結構かかる老後のお金はどう準備する？

意外とかかる日常生活費以外の出費

日常生活費分とは別に500万円程度生活費の予備資金があると安心

セカンドライフにかかるお金を考える時、日常生活費が月20万円など、つい日々の生活費にばかり目がいきます。ただ実際は、それ以外に「楽しいことに使うお金」や「特別なイベントや出費に使うお金」のことも忘れてはいけません。

自分の趣味や旅行費、学校や講座に行く費用が「楽しいことに使うお金」の例でしょう。持ち家の場合の固定資産税や自家用車の税金・保険料・車検代など、年に1回かかる固定費もあります。毎年出ていくこうした「特別費」分は、セカンドライフに必要なお金として年50万円など予算化しておくといいですね。それ以外にも、家をリフォームしたり、家具や家電の買い替え費など、「特別なイベント費」として、500万円くらい予備資金として持っておくと安心です。その他に介護・医療の費用も必要です。

特別なイベントに必要な平均費用

住宅購入

新築の注文住宅
4615万円(全国)
戸建て住宅
3851万円(三大都市圏)
新築マンション
4457万円(三大都市圏)

※国土交通省「令和元年度　住宅市場動向調査」より

家族旅行

1人あたりの旅行代金
(国内)約**5万5000円**
(海外)約**22万9000円**

※日本交通公社「旅行年報2019」より

車検代

軽自動車 約**7万円**
1500ccのコンパクトカー 約**10万円**

老後の生活費

月額約24万円

※総務省統計局家計調査年報(令和元年)高齢夫婦無職世帯の消費支出より

介護費用

月額7.8万円

※生命保険文化センター「生命保険に関する全国実態調査」(平成30年度)より

車や家電の買い替え

新車購入平均 **200万円**
冷蔵庫(400~600L) **10万~15万円**

※一般社団法人　日本自動車販売協会連合会「2018年度自動車流通市場の調査研究」より

住宅リフォーム

約356万円

※一般社団法人住宅リフォーム推進協議会「令和2年度住宅リフォームの消費者・事業者に関する実態調査」より

ダウンサイジングのシミュレーションをしてみよう

年代別の収支からダウンサイジングの目標値を出す

まずは①受け取る年金の確認、②個人年金などプラスαの収入、③定年後の就労収入（理想でも可）から60代、70代の定年後の収入をざっくりでよいので書き出します。各年代での収入がわかれば、年間どのくらいで生活をすればよいかの大枠を整理でき、ダウンサイジングの目標値も見えてきます。

左ページはあるおひとりさまの例です。今の時点ですでに64万円の赤字です。60歳では、継続雇用で働くことを想定して、手取りは現役時代からちょっと減っています。生活費を月16万円に減らしていますが、その他はあまり削減できず、収支はマイナス88万円とさらに赤字に。70歳で退職をして公的年金で暮らすことを想定。生活費や特別支出をダウンサイジングしても38万円の赤字です。

赤字にならないためには、さらにダウンサイジングが必要です。これ以上できるかな……と不安になる人もいるかもしれませんが、**収入が多い現役時代はその分、生活費が無駄に膨らんでいる部分も多い**のです。例えば55歳の人が月3万円削減した場合、年間36万円のダウンサイジング効果がうまれます。この分を貯蓄にまわせば、60歳までには180万円貯めることができます。

年代別 ダウンサイジングシミュレーション

今のわたし

（単位：万円）

生活費項目	金額	
手取り年収	240	⇦ 手取り：**月20万円**
年間の支出	304	
毎月の生活費×12	204	⇦ 月17万円で生活
特別支出	100	⇦ 被服費や旅行代
年間収支	-64	

収支はマイナス

60歳のわたし

生活費項目	金額	
手取り年収	204	⇦ 雇用継続で**月17万円**
年間の支出	292	
毎月の生活費×12	192	⇦ ダウンサイジングで**月16万円**で生活
特別支出	100	⇦ 時間に余裕が出てきたので、趣味や旅行をしたい
年間収支	-88	

収支はさらにマイナス

70歳のわたし

生活費項目	金額	
手取り年収	180	⇦ 公的年金で**月15万円**
年間の支出	218	
毎月の生活費×12	168	⇦ ダウンサイジングで**月14万円**
特別支出	50	⇦ 趣味や旅行費も少しダウンサイジング
年間収支	-38	

収支マイナス幅は減少

足りないお金は「自分で稼ぐ」「お金をコツコツ育てる」

稼ぐ力をつけるとともに積立投信の活用も選択肢に

ダウンサイジングをしても公的年金だけで生活をするには限界があります。足りない部分は「自分で稼ぐ」と「お金をコツコツ育てる」という2通りの方法で、準備する必要があります。

「自分で稼ぐ」とはその言葉通り、働いて年金を増やすこと。受け取れる年金を少しでも増やすために、**厚生年金に加入する働き方をする**、または**スキルを磨き年収を増やす**ことです。さらに**定年以降もなるべく長く働いて**収入を得続けることで、足りない分を補い、老後資金を増やす方法です。

「お金をコツコツ育てる」は投資でお金を増やす方法です。超低金利時代の今、預貯金だけではお金はなかなか増えません。そこで考えたいのが投資です。投資と聞くと、元本割れなどのリスクが怖いというイメージを持つ人も多いようですが、毎月同じ投資商品を長期間購入し続ける「**積立投資**」という方法ならば、リスクを抑えながら、コツコツお金を増やすことができます。

中でもｉＤｅＣｏとつみたてＮＩＳＡは、老後のお金を積み立てながら、節税できるお得な制度です。第4章で詳しく解説していきます。

老後のお金「年間収支ゼロ」にするには?

受け取れる「公的年金」を1円でも多く増やす

国民年金加入の人は、厚生年金に加入する働き方にキャリアチェンジ、または国民年金基金などにも加入。会社員の人は年収アップのための努力を。

POINT 2 老後に月1万円でも2万円でも受け取れる「稼ぐ力」をつける

生涯にわたり収入が得られるスキルや仕事を持つこと。会社員でも資格取得やスキルを磨き、会社を離れても、稼げる力をつけておくこと。

現役時代に「預貯金」だけなく「積立投資」もして「お金がお金を生む」仕組みをつくる

全額預貯金にしない。ほったらかしでもお金が増える仕組みを利用して、貯蓄に加えて、iDeCoやつみたてNISAなど積立投資を始める。

COLUMN

2

寿命とともに資産も長生きさせる！ 人生100年時代の「資産延命術」

日本人の平均寿命は年々伸びており、ここ数年過去最高を記録しています。寿命が延びる分、生活費の確保をしなければいけません。寿命とともに資産も長生きさせるためには、資産形成の見直しが必要です。

老後資金を減らしたくないと、銀行口座に入れたままにしておく人もいるかもしれませんが、すべての金融資産を預貯金にすると、退職金を受け取った時が資産額のピークとなり、それ以降は使った分が減っていくだけです。

そこで少しでもお金を長生きさせるためには、資産の一部を運用に回すことが有効な手段の１つとなります。老後の資産運用については、就労による収入を元に資産を蓄える「資産形成期」。資産の減少を緩やかにする「資産取り崩し期」、さらにリスクの低い運用に切り替える「資産移転期」の３期に分けて進めていくとよいでしょう。

● 人生100年時代の資産延命の考え方

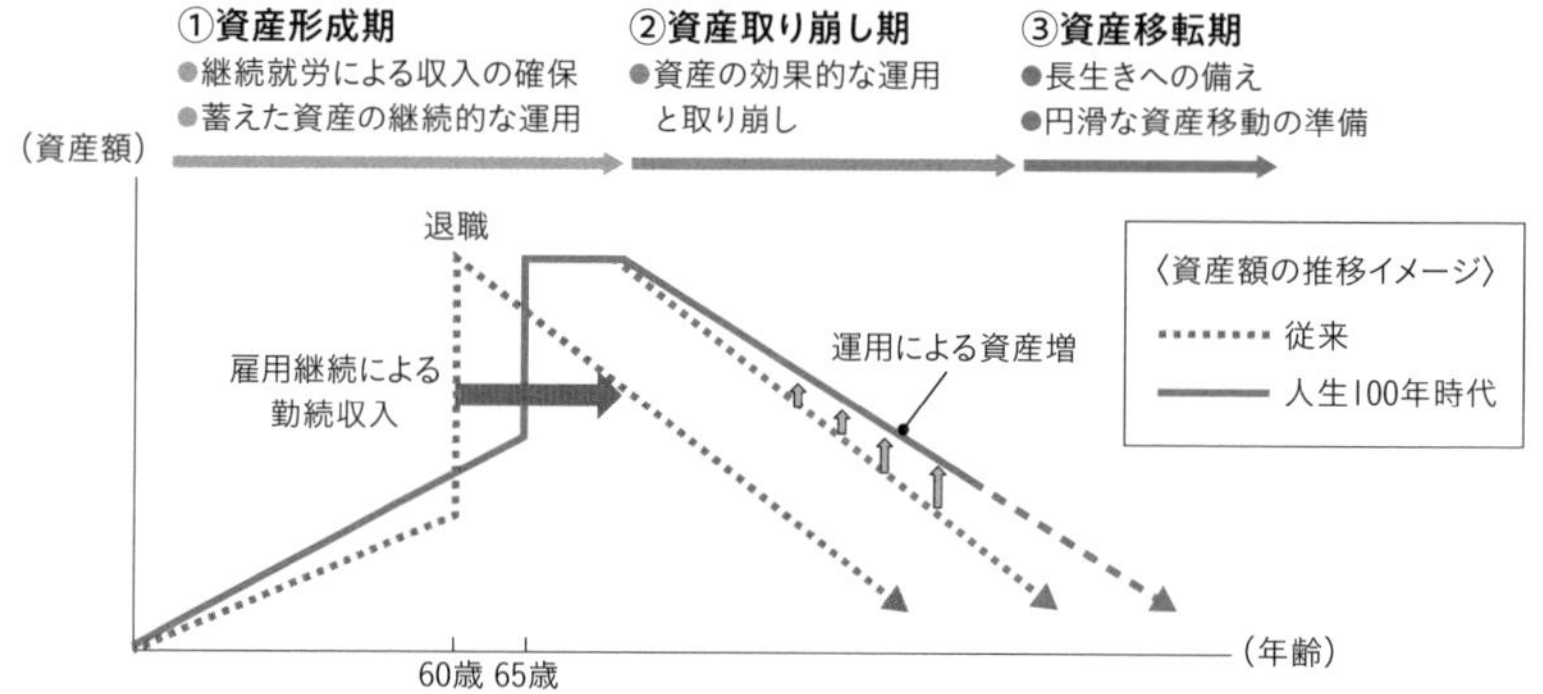

出典：金融庁「高齢社会における金融サービスのあり方（中間的なとりまとめ）平成30年7月3日」を基に作成

第3章

老後に足りないお金をどう補う？「稼ぐ力」が身を助く

おとな女子は何歳まで働くべき？

女性はみんな長生き 定年後約24万時間もある!

健康的に生活できる限りは何かしら、仕事をしたいもの

日本人の平均寿命は延び続けています。2020年7月に厚生労働省が発表した19年の平均寿命は、男性は81・41歳、女性は**87・45歳**で、女性のほうが6歳も長生きです。仮に60歳で退職すると、女性の場合、平均寿命までの時間は約24万時間もあることになります。ですが、この時間すべてを健康で元気に過ごせるわけではないことも覚えておく必要があります。

「健康上の問題で日常生活が制限されることなく生活できる時間」をWHOは〝健康寿命〟と定義しています。日本人の健康寿命は最新の16年のデータによると、女性は**74・79歳**です。つまり**介護を受けたり、寝たきりになったりせずに生活できるのは、定年後約15年**となります。個人差はありますが、体力的に問題がなければ、まずは70歳まで仕事をすることを一つの目安にしましょう。

女性は定年後15年は働ける

約6割の日本人は平均寿命を超えて長生きします

●年齢別死亡者数（2019年）※出生数を10万人とした場合

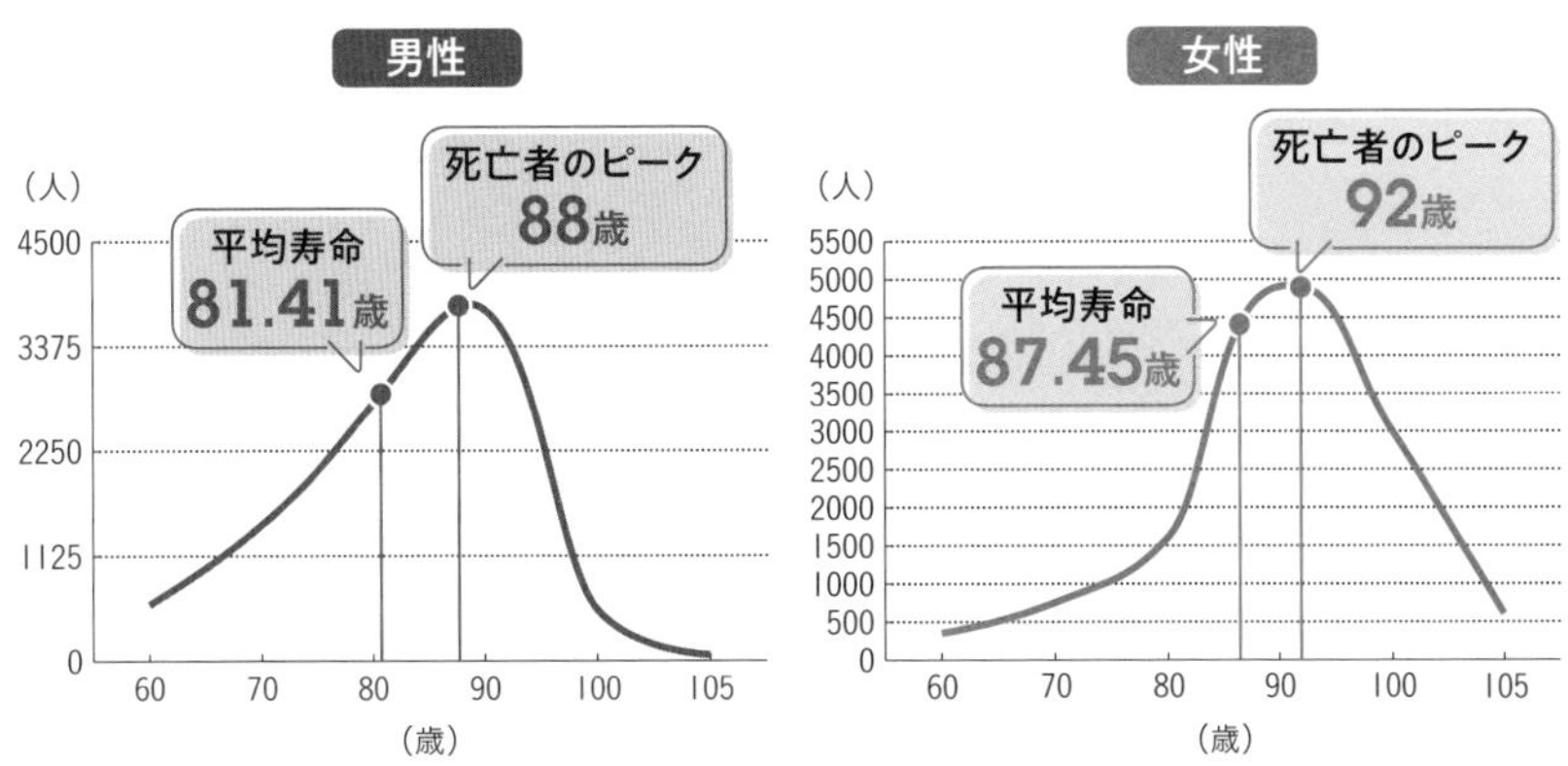

出典：厚生労働省「2019年簡易生命表」をもとに作成

平均寿命と健康寿命

●平均寿命と健康寿命の差

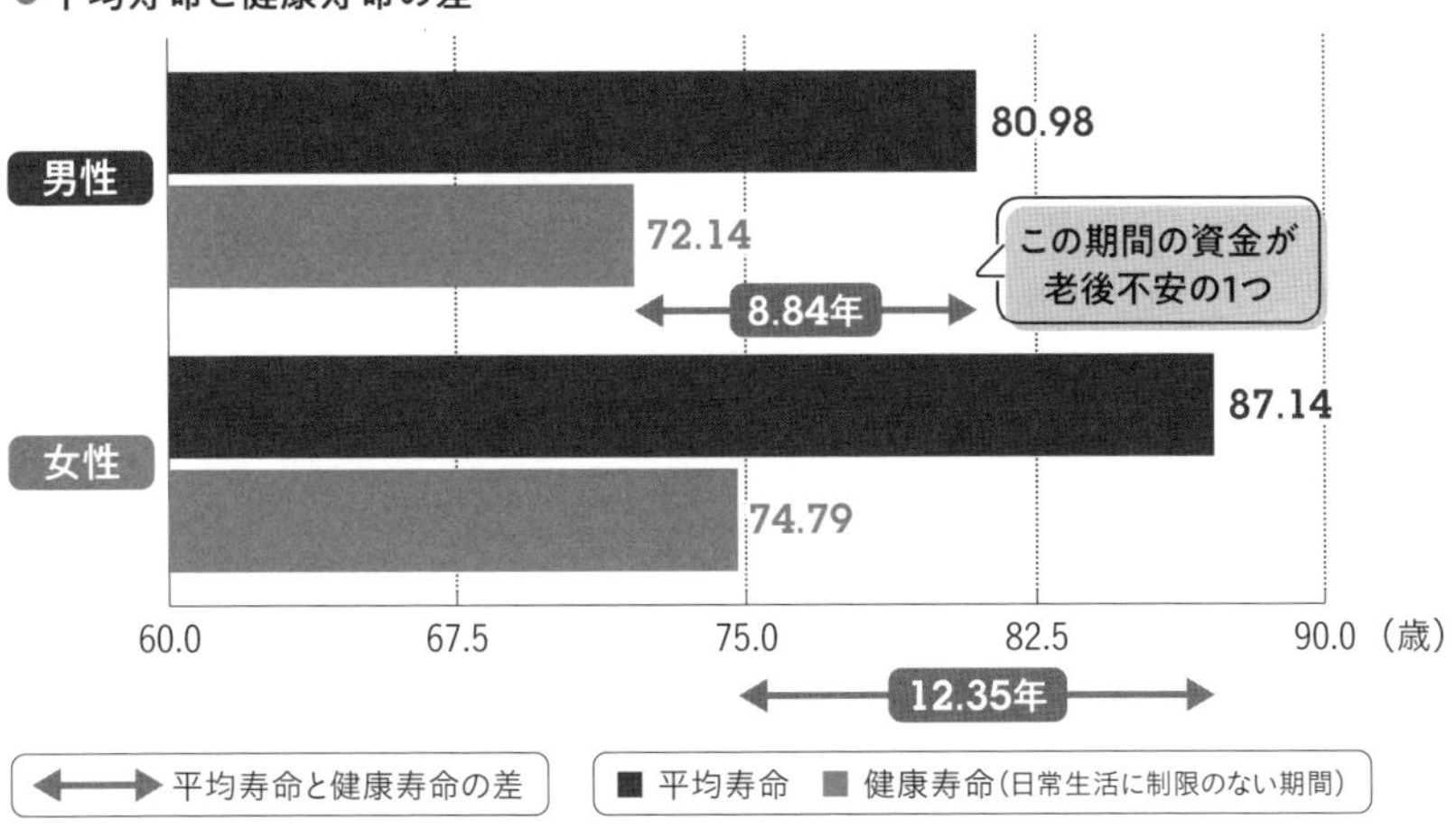

出典：厚生労働省統計情報白書 図表1-2-6（2016年データ）

人生100年時代だから70歳定年も

「高年齢者雇用安定法の改正」施行で70歳定年が当たり前の時代に

高齢化や長寿化は世界中で急激に進んでおり、2007年生まれの2人に1人が100歳を超えるといわれています。寿命が延びていく中、人生設計を考え直していく必要に私たちも迫られています。長寿に伴い必要なのは、生活していくためのお金です。老後生活が長くなればなるほど、生活費はかかります。公的年金ではすべてはまかなえないのが一般的ですから、貯蓄の取り崩しをすることになります。しかし、貯蓄にも限りがありますから、取り崩すタイミングは1年でも遅くしたいものです。その解決法の一つが長く働くことです。

国としても長く働くことを後押ししています。その一つが2021年4月に施行された「高年齢者雇用安定法の改正」です。これは**事業主に70歳までの就業確保措置の努力義務を求める**もので、具体案として定年を70歳まで引き上げることをはじめ、フリーランスとして業務委託をする措置など、左ページに記載したように七つの選択肢が提示されています。

60歳で定年後は悠々自適にのんびり暮らす、というのは過去のこと。**70歳まで働くのが当たり前の時代**はもうやってきています。

「高年齢者雇用安定法」で努力義務とされる

企業の「7つの選択肢」

「高年齢者雇用安定法」では企業側に対応策として、
7つの選択肢が提示されています。
雇用による対応と雇用以外の対応の2パターンに分かれ、
全部で7つの選択肢が提示されています。

雇用による対応の場合

1. 定年制の廃止
2. 70歳までの定年延長
3. 継続雇用制度の導入
4. 他の企業への再就職（雇用契約）

雇用以外の対応の場合

5. フリーランスへの業務委託
6. 起業する人への業務委託
7. 社会貢献活動への従事を支援する制度の導入

70歳まで働くのはもはやスタンダードです！

PART 2
【60歳まで会社員】

60歳まで今の職場で働きその後、別の仕事に就く

60歳以降の働き方は主に3通り

やりたいことがわからない時は過去の記憶を辿ってみよう

正社員として60歳定年まで働いた場合、その後の働き方の選択肢として考えられるのは、主に①別の会社に転職をする、②起業をする、③継続雇用や再雇用で同じ会社で働く、という三つです。③の継続雇用や再雇用に関しては、勤め先のルールや働き方の条件を確認すればOKですが、①と②の場合は、定年前に準備をしておくことが必要です。特に会社員時代とは違う仕事をしてみたい、という人はなるべく早めに、**遅くとも50代から準備を始める**ことです。

何をしていいかわからない、という人は、自分の〝好き〟や〝得意〟なことから考えてみましょう。**若い時や子どもの頃に好きだったことや趣味などを思い出してみる**のも一つの手です。50代は社会人としてのスキルや知識が身についています。それをベースにやりたいことを行動と結びつけていきましょう。

CASE STUDY 1

転職 長年培った事務のスキルを新たな場所で生かせる機会に出合う

20歳から60歳まで私立学校の事務の仕事をしていました。定年退職後は好きな時間に起きて、自由にのんびり過ごすことを楽しみにしていたのですが……。同世代は孫や定年退職をしたご主人の世話で忙しく、またずっと仕事をしていたせいで、地元に知り合いもおらずで、一人の時間を持て余していました。

特に趣味もなかったのですが、気分転換に思い切って近所のカルチャーセンターで開催しているシニア向けの体操教室に通ってみることにしました。通ううちにスタッフの人とも親しくなり、ちょうどWordやExcelを使える事務の人を探しているとのことで、お手伝いを申し出ました。現在はパート社員として週に4日通っています。

退職後「私には仕事がなくなったら何もないんだな……」と落ち込むこともありましたが、こうして長年やってきたことを、また違う場所で生かすことができて、本当に報われた感じがします。

N.Yさん・62歳

CASE STUDY 2

起業　定年後も働ける場所をつくるため資格取得で起業を決心

転職は三度経験しましたが、ずっと人事畑にいます。子どもが小学生の時に離婚をし、以来、シングルマザーとして子育てと仕事を両立してきました。離婚後さらなるキャリアップのためにコーチングを学び、資格を取得。ちょうどその頃、子どもが反抗期に入り、まったくいうことをきかなくなってしまいました。私に対して悪態をつき続ける子どもを前に「このコーチングのスキルは子育てに活かせないだろうか？」と考え、新たにキッズコーチングの勉強も始め、資格を取得しました。

コーチングの効果かどうかはわかりませんが、子どもの反抗期は少しずつ落ち着き、周囲にその体験を話しているうちに、近隣の学童施設や保育園からセミナー開催を依頼されるようになりました。幸い今の勤め先は副業を推奨しているので、主に週末を中心に活動をしています。先日思い切ってママ友を誘って会社組織にしました。現在の会社を定年退職しても居場所があると思うと安心できます。

Y.Kさん・55歳

CASE STUDY 3

再雇用 現役時代よりもスローペースな働き方が今はちょうどいい

30代で転職した広告代理店を60歳で定年退職後、再雇用で働いています。定年までは部長としてチームをまとめ、バリバリ仕事をこなしていました。会社が好きで、すぐにリタイアする気にもなれず、迷わず再雇用を選択しました。

再雇用後は部署も変わり、雇用形態も契約社員になり、給与も減りました。何より大きかったのは気持ちの変化。役職がなくなったことで、仕事の重圧を感じることなく、気持ちがラクになったことには自分でも驚いています。現役時代は自分では気がつかないうちにプレッシャーを感じていたのだと実感しました。また以前のように残業までしてこなす案件もなくなったことで、定時に帰宅できるのも体力的に助かっています。

再雇用で仕事内容が変わると物足りなさを感じるのではと不安でしたが、今は体力、気力に合わせた働き方ができてよかったと思っています。

R.Yさん・61歳

MEMO

「再雇用制度」と「定年延長制度」

雇用継続の働き方として、現在多くの企業が採用しているのが**「再雇用制度」**と**「定年延長制度」**。再雇用制度が正社員からパートなど有期雇用契約への変更、労働時間も変更が可能なのに対し、定年延長制度は雇用形態や労働条件は定年前と変更ができないなど、さまざまな違いがあります。

50代のうちにキャリアチェンジする

これまでのキャリアを活かして路線変更を考えてみる

資格取得すれば新たなキャリアにつながるとは限らない！

定年後を考える場合、今の働き方や仕事内容を60歳以降も続けられるかを想像することも必要です。専門性がない、または体力勝負の仕事であれば、長く続けるのは難しいことも……。その場合、キャリアチェンジへの道は50代のうちに探っておいたほうがベターです。スムーズなキャリアチェンジには、まず**これまでのキャリアを活かせるような働き方、職種から探してみる**ことです。

資格を取得すれば新たなキャリアが開けると思う方は多いかもしれません。ただ、その業界で実績を持たない人だと、まったくポジションを築けない可能性があり、気づいたら年々資格の更新料を払っているだけ、ということにもなりかねません。やりたいことにチャレンジすることは大切ですが、長く続けられるのか、収入をきちんと得られるのか、などを考えておくとよいでしょう。

CASE STUDY 4

資格取得 これまでの経験で活かせる新たな資格を取得

学生時代に2年留学を経験し、卒業後は外資系商社に勤務していました。40歳を機に退職し、英語力を活かし英会話学校に転職。主にスタッフの採用や育成などをはじめ、教室運営にかかわる業務を幅広く担当していました。空いた時間に外国人スタッフに日本語を教えていたのですが、その時に芽生えたのが日本語教師への興味でした。

52歳の時に一念発起し、日本語教師の資格取得を決意。専門学校に通うかたわら、独学でも日本語教育能力検定に向けて勉強を始めました。働きながらでしたので、受講を修了するのに1年かかりましたが、試験には1回で合格。英会話学校は一度退職し、外国人スタッフの日本語セミナーの担当講師として新たに業務委託を結びました。その他、空いている時間に専門学校での留学生向けの日本語授業などを何コマか担当しています。50代からの学び直しは大変でしたが、思い切ってチャレンジしてよかったと思っています。

U.Hさん・54歳

CASE STUDY 5

業務委託 現在の会社と業務委託を結び新たな世界に活動の場を広げる

新卒で入った会社では広報を担当。その後一回転職をしましたが、ずっと広報業務を担当していました。現在の会社で業務委託制度を導入することになり、希望者が募られました。当時私は52歳、定年後の生活について考え始めていた頃でした。正社員と雇用形態が異なる点には不安でしたが、新たなことにチャレンジするなら今しかないという気持ちと、長年培ってきた広報業務のスキルをほかでも試してみたい思いもあり、思い切ってチャレンジすることにしました。

給与体系や社会保険は変わりましたが、出社時間などは自由になったので、以前よりも効率的に仕事をすることができている感じがします。

現在はこれまで同様、引き続き会社の広報業務を行うほか、異業種の業界の広報業務や相談などの仕事も始めています。将来的には小さくてもよいので会社組織にして、広報関連のコンサルティング業務などを行いたい、という目標も見えてきました。

Y.Kさん・53歳

CASE STUDY 

独立　苦労して身につけたスキルを武器に50歳で思い切って独立

20代は編集プロダクション、35歳からはWeb制作会社で働いていました。小さな会社でしたので、ディレクター、コーダー、デザインまで一人で何役もこなす必要がありました。そのおかげで一通りのスキルは身につき、気がつけば15年経ち、社長の次に古株になっていました。クライアントからの指名で案件も任されるようになり、忙しく過ごしていたある日、社長から独立を提案されました。

ずっと組織の中で働いてきたので、一人になるのは不安もありましたが、社長のサポートやアドバイスもあり、まずは自宅を事務所にし、これまでつき合いのあったクライアントを中心に仕事を請け負いました。

一人で何でもこなせるのが重宝されて、今では口コミで新規のクライアントからの依頼も少しずつですが、増えてきました。もう少し軌道に乗せられたら、アシスタントを雇って、シェアオフィスなどを借りられたらと思っています。

Y.Tさん・51歳

PART 4 【職業を2つ以上持つ】

会社員を続けながら副業をする

働き方が多様化し副業しやすい時代に！

趣味やスキルが手軽にお金になる時代
アイデア次第で収入アップも

定年後、安定した収入を得るためには**複数の仕事を持つことも有効な手段**です。昨今、副業を推奨する企業も増え、本業の会社員をしながら、空いた時間で別の仕事をする働き方も珍しくなくなってきました。

副業といっても時給型のパートやアルバイトだけではなく、ブログやＳＮＳ、ＹｏｕＴｕｂｅなどのツールを活用して収入を得るなど、そのスタイルはさまざま。例えば、手づくりの雑貨を売りたいと思った時、実店舗を構える必要はなく、オンラインショップを開いて商品を売ることができます。また何かを人に教えたい時も、オンライン講座にすれば、幅広い地域から生徒を集めることができます。こうして自分の得意なことや趣味が手軽にお金になる時代、並行して複数の収入を持っていれば、**本業が傾いた時のリスク回避にもなります。**

CASE STUDY 7

副業❶ まったく違う分野の2足のわらじが リスクマネジメントに役に立つ

高校を卒業して入った会社では経理を担当。結婚を機に雇用形態をパートにしてもらい、引き続き経理の仕事を続けていました。10年後に離婚をし、2人の子どもを引き取りシングルマザーになりました。子どものために長く働ける資格を取ろうと実家のサポートを受けながら専門学校に通い、理学療法士の資格を取りました。

資格取得後は病院のリハビリテーション科に就職。子どもたちの教育費にめどがついた45歳のころ、理学療法士としての知識と技術を活かし、以前からの夢だったリラクゼーションサロンを開業。施術者は自分一人の小さなお店なので、売り上げはそれほど多くはありませんが、お客様とじっくり向き合えて、施術やアドバイスができることにやりがいを感じます。

実は最初に就職をした会社の経理の仕事は、退社後も外注として請け負っていて、今もサロンの営業時間の合間に給与計算などを担当しています。新卒の時はいやいややっていた経理でしたが、細々でも長く続けることで、大きな武器になりました。コロナ禍でサロンの売り上げが厳しい月も、経理の仕事で収入があるので安心できました。

K.Rさん・56歳

元で高校の同級生の集まりに参加。そこで役場の観光課に勤める同級生と遭遇。話しているうちに地元の名産のアピール方法を聞かれ、いろいろアドバイスをしました。

後日、その同級生から地元PR活動の手伝いを打診されました。幸い現在勤めている会社は副業ＯＫなので、主に週末でよければ、という条件でその依頼を受けることにしました。会議や打ち合わせなどはオンラインで参加し、細かいやりとりはメールやチャットで行っています。久しぶりの同級生との交流も新鮮で、定年後は地元に帰るのもよいかなと思っています。

CASE STUDY 10

副業❹ 趣味のアクセサリーづくりでオンラインショップ開業

ビーズやボタンなど小さなパーツを使ったアクセサリーづくりが好きで、いつかは小さな雑貨屋さんをやってみたいなと思っていました。

最近、初期費用や月額利用料が無料のオンラインショッププラットフォームの存在を知り、利用してみることに。写真の撮り方や値段設定など自由にできるので、本当にお店を経営している気分を味わえてハマってしまいました。SNSの投稿で商品の宣伝をしたり、コピーを考えたり、アイデア次第で売り上げが増えるのも楽しいです。休日は材料の買い出しに行ったり、デザインを考えたり、忙しくはなりましたが、以前より有意義に過ごせています。

（M.Kさん・51歳）

CASE STUDY 8

M.Yさん・48歳

副業❷
現職のスキルを地元の発展に活かす

メーカーでマーケティングの仕事をしています。久しぶりに帰った地

CASE STUDY 9

副業❸ 趣味の料理と写真を活かしてSNS投稿でお小遣い稼ぎ

料理をつくるのと写真を撮影するのが趣味で、インスタグラムを始めた当初は、普通に自分でつくった料理の写真に短いコメントをつけて投稿していました。投稿内容を褒められることは多かったのですが、フォロワーは大して増えず、ほぼ知り合いくらい。

友人からインスタグラムの投稿で報酬が得られるという仕組みを教えてもらい、フォロワーを増やす方法を研究。研究を重ねるうちに“節約”というキーワードに引きがあることを知りました。そこで節約料理に特化した投稿に路線を変更。安い食材や業務スーパーなどの活用術などを紹介しているうちにフォロワーはどんどん増え、企業から声がかかるように。会社員なので、活動時間は主に平日夜か週末です。隙間時間にネタを考えたり撮影をしたり、忙しくはなりましたが、多い時で月に10万円くらいの収入になるのでやりがいはあります。　（A.Mさん・49歳）

PART 5 【稼ぐ力の身につけ方】

井戸美枝が伝える「稼ぐ力」7カ条

“働きかける”ことが稼ぐ力につながる!

「何がしたいか」「何ができるのか」自分からのアクションが大切

「働く」ことは「働きかける」ことだと思っています。

会社員の場合、個人は組織に合わせることが最優先ですが、その中でも他の人とは違う、自分だけの強みや得意を築き、自分の理想とする〝仕事人〟としての姿を確立していくことが必要です。そのためにはいざ会社を離れても稼ぐ力をつけられるように、**本業以外の仕事、副業にチャレンジする**ことも大切。社外で得た知識やスキルを組織に戻って生かすこともできます。

社員でも、フリーランスでも、働き方は手段であって目的ではありません。所属する場所、働くスタイルは人それぞれです。大切なのは**「何がしたいか」「何ができるか」を自ら働きかける**こと。働きかけ＝アクションを起こさなくては、稼ぐ力は身につきません。私が実践してきた稼ぐ力を7カ条にまとめました。

1 できることとやりたいことを発見したら、すぐ行動

何かを始める時に、勉強してから……などと、まず順番をつけていませんか？　順番を考えているうちに挑戦する機会は遠のいてしまいます。**何でも両立してやっていく**くらいの気持ちでないと、やりたいことは始められません。やっても無理、無駄に見えても、組み合わせ次第でおもしろいこともあります。

私の場合、社会保険労務士とFPという組み合わせで活動していますが、この二つの資格を組み合わせることで、仕事の幅も広がり、かつ景気に左右されることなく収入を得ることができています。

それに加え、日々アンテナを立てて、社会の変化に反応できることも大事です。自分のスキルや知識をアップデートするよう心がけています。もう年だから……などと年齢にとらわれる必要はありませんが、これから探すなら**体力が衰えてもできること**をポイントにしてみるといいですね。

2 とりあえず何でもやってみる意欲を持つ

最も大切なのは、その内容よりもまずは何でもやってみる意欲を持つこと。

最初から収入のことは考えず、好奇心を持って何かをやってみることで、自分が誰かの役に立っている、喜んでもらえた、必要とされていると実感できた

のであれば、それは何よりうれしいことです。正しいことや**誰かの迷惑にならないことなら何でもよい**と思います。もし失敗をしてしまったら、それはあなたにとって向かないこと。気が向かない、嫌だな、と思うことはすぐやめましょう。また別のことを見つければよいのです。

3 サポートされる人、仕事を依頼される人になる

会社に属さずフリーランスで活動していたとしても、仕事はさまざまな人とのかかわりで成り立っています。「この人ならサポートしたい」「この人なら仕事を頼みたい」と思われるような、信頼関係を築くことはどんな仕事でも大切です。そのためには**頼まれたことはしっかり遂行する**ことを心がけましょう。

4 機会を人に渡す。自分で溜めこまない

私は「この仕事はあの人のほうが向いているのかも」と思ったら、迷わず人に仕事を渡しています。私自身も同業の先輩からそうしてもらっていましたし、**仕事を溜めず循環する**ことで自分にも新たなチャンスが巡ってきます。

5 報酬よりも「誰と仕事をするか」を大切にする

たとえ高額な報酬がもらえる仕事だとしても、まず**一緒に仕事をする人を重要視**しています。信頼できるメンバーとであれば、たとえ大変な内容でも楽し

く仕事ができます。お金は後でついてくるものと思っています。

6 4~5年スパンで考えて準備する

目先のことだけにとらわれず、**5年後その仕事を続けて、自分は幸せか、正しいのかを想像してみる**こと。その上で必要な準備をしておきましょう。4~5年たてば、社会や自分の状況も変わります。常に見直しをすることが必要です。

7 スペシャリストになる

自分の強みをつくること。「この分野ならあの人に」と指名されるようなスペシャリストになれば、仕事は長く続けられます。ニッチな分野を開拓したり、また一点集中ではなく、いくつかの付加価値をつけるのもよいでしょう。**他の人と差別化できる、自分なりの強みを身につけましょう。**

以上の7カ条は、私が仕事をする上で心がけていることです。稼ぐ力は誠実かつ真摯に自分の仕事に向き合うことでついてくるものです。焦らずコツコツ努力を重ね、実績を示すことができれば信頼してもらえます。きっと大きなキャリアアップにつながります。ぜひ参考にしてみてください。

雑所得、不動産所得だと確定申告が必要

コンビニや外食のアルバイトなら申告の必要がない場合も

「今の収入が少ないので生活費を補てんするため」「将来今と違う分野の仕事に挑戦したいのでその足掛かりに」。人によって理由はいろいろですが、会社員としての給与以外に、他の仕事で収入を得るのは多くの人の夢でしょう。144ページ以降で紹介したように、副業をコツコツと温めながら育てていくことで、セカンドライフを豊かにするための定期収入になることだってあるのです。

ただし、会社員が副業によって、年間20万円超の所得があった場合、確定申告をして、税金を納めなければならないケースも。

申告に際して気をつけたいのが、自分がしている副業がどの所得区分に含まれているかということ。コンビニや外食のアルバイトは一般的に給与所得なので、原則、確定申告の必要はありません。**「雑所得」「不動産所得」などが申告対象**です。

副業の収入が20万円を超えたら確定申告を!

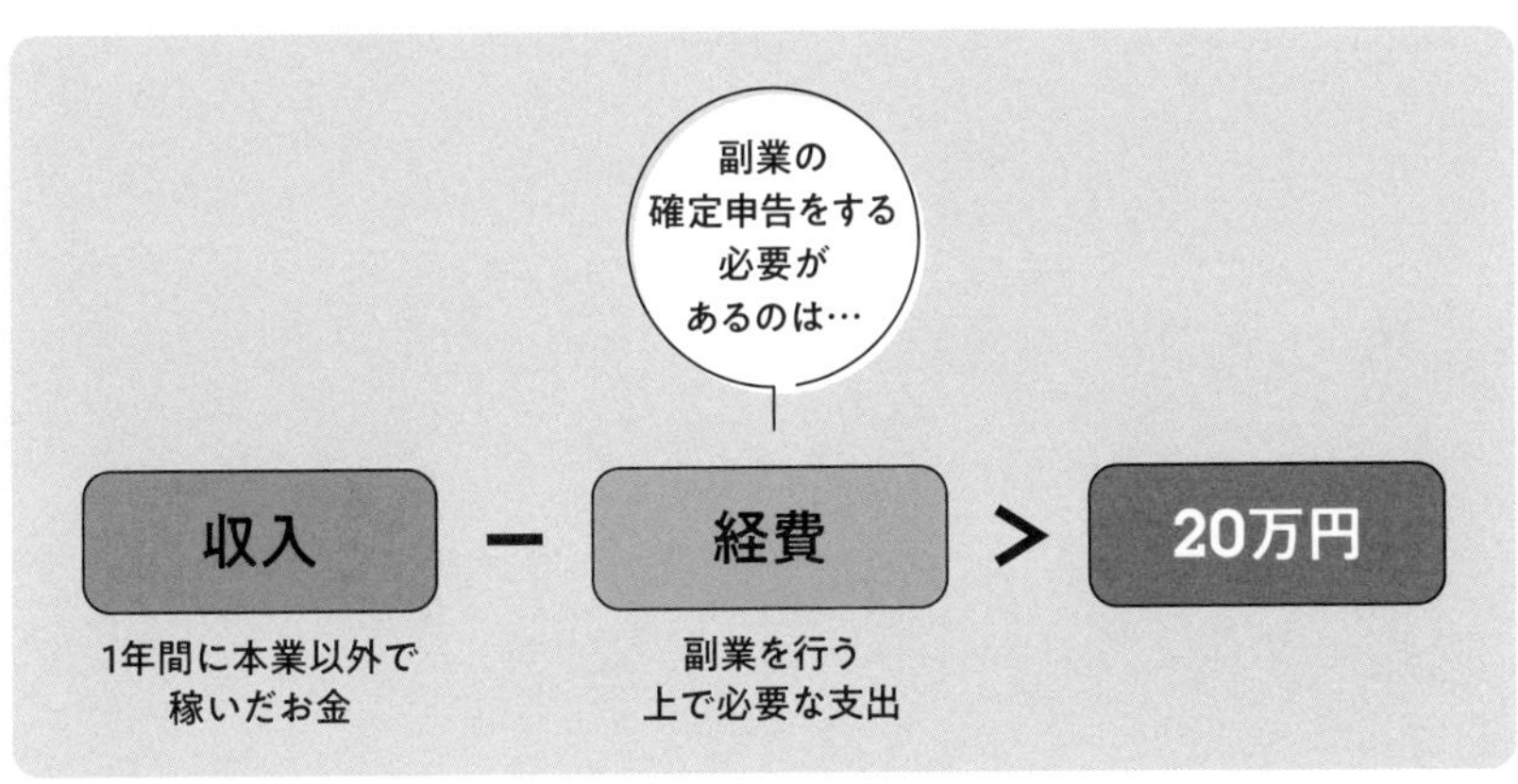

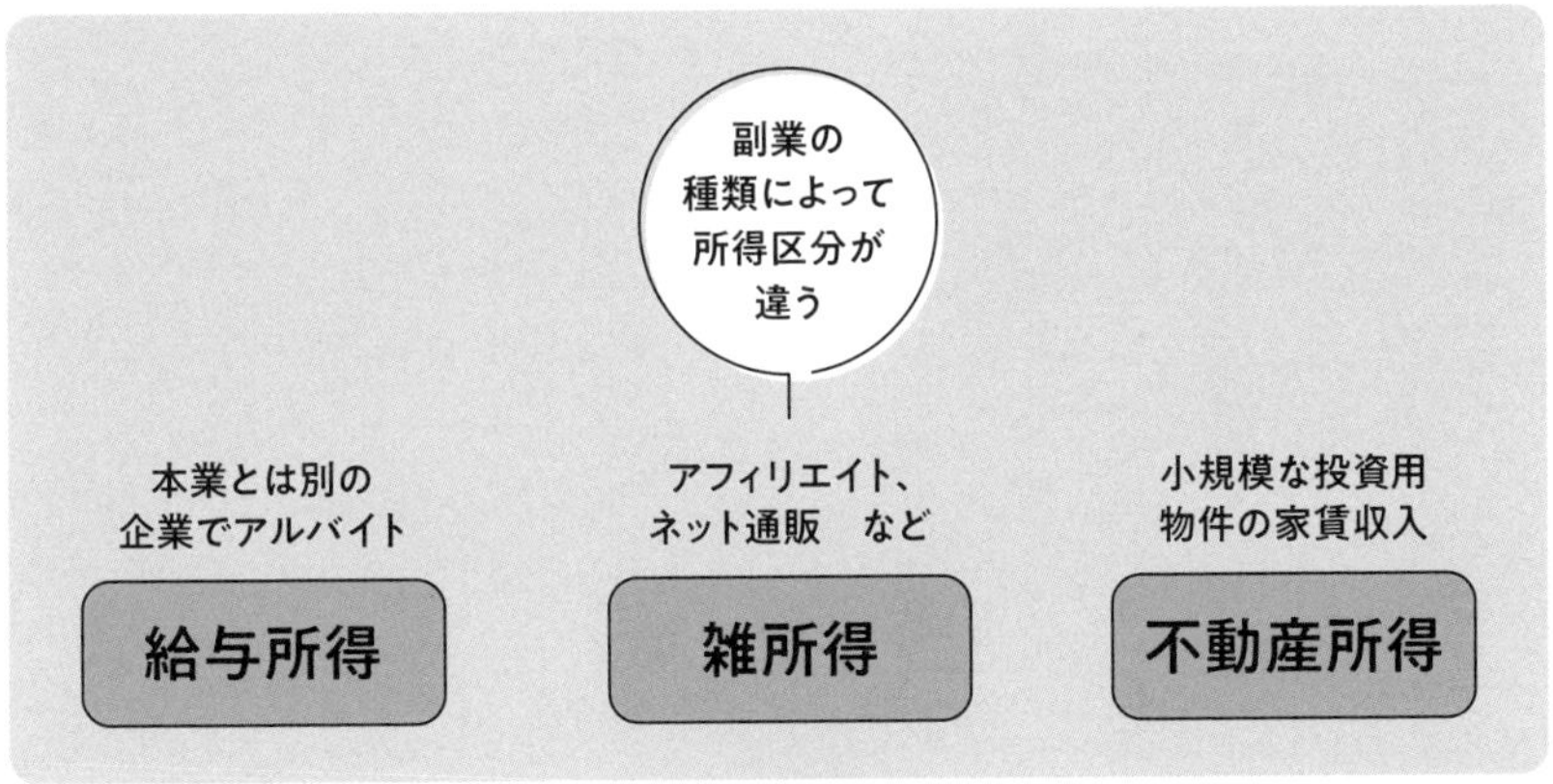

経費算入できるかできないかは仕事によって、違う！

気楽にやっていたあの副業も20万円超稼ぐと申告の必要が！

時給で働いているような仕事は給与所得の場合が多く、年末年始に勤務先から源泉徴収票が渡されます。こうした仕事は確定申告の必要はなく、事業に係る経費が認められることもありません。

一方、納品一本＝〇円といった請負の仕事は、「雑所得」あるいは「事業所得」といい、Ｗｅｂライターとしての原稿執筆やアフィリエイト、ネットオークション、フリマ、動画配信の収入などがこれにあたります。実は、ウーバーイーツの配達員の収入も雑所得です。

雑所得の場合、必要経費を差し引くことができます。また、マンション一室を貸しているといった不動産所得の場合も経費を差し引くことが可能です。

ネット販売なら、制作した商品の材料費や梱包代、原稿なら取材でかかった交通費などが経費です。確定申告では、経費を計算して収入から差し引くことで、課税所得を出し、正しい税額を申告します。すでに所得税を源泉徴収されている場合、納めた税金の一部が還付されることもあります。逆に所得税を源泉徴収されずに収入を得ていた場合は、相応の税金を支払うことになります。

副業で経費になるもの、ならないもの

副業の業種	経費の内容	具体例
物販	販売する商品に関する費用	販売する商品の仕入れや商品の発送費用、商品の保管のために借りている倉庫の賃料など
	取引先に関する費用	取引先との飲食代やお中元・お歳暮、香典、お祝い金など
	広告費	ネットやチラシなどに掲載した広告料など
フリーランス	仕事に関する道具、備品	10万円未満のパソコン、カメラ、仕事机など
	通信費	インターネット代など
不動産賃貸業	賃貸物件に関係のある税金	賃貸物件の固定資産税や不動産所得税など
	賃貸物件の光熱費	賃貸物件の水道代、ガス代、電気代(借主負担除く)
	外注費	管理物件への管理手数料など
共通するもの	仕事に関する雑多なもの	文房具や仕事に関係する資料
	通信費	仕事用に用意した携帯電話代など

出典:会計ソフト「free」HPより編集部作成

副業の申告はスマホからでもOK
スキマ時間にサクッとできる！

確定申告をするとそれに合わせて住民税を支払うことになります。確定申告時に「主給与以外の所得を普通徴収で支払う」にチェックを入れて提出すれば、自分で副業分の住民税を払うことができます。

副業の確定申告をしないとどうなるのでしょう？　税務署から指摘が入り、納税が必要だった場合、ペナルティとして延滞税や無申告加算税など余計に支払う必要も出てしまうので注意が必要です。

今は申告方法の簡素化が進み、税務署に行く必要もなく、場所によっては申告書のプリントアウトや郵送の手間もなく、**スマートフォンから電子申告（e-Tax）ができる**ようになりました。2020年分からは、スマホ申告の対象は大幅に拡大され、「副業」の申告も可能です。そのほか、「医療費控除」「ふるさと納税などの寄付金控除」「災害にあったなどの雑損控除」などの申告も網羅されています。スマホ申告には事前にアプリをダウンロードする必要がありますが、パソコンは必要なく、**郵送の手間も不要なので、忙しいおひとりさまにもおすすめ**です。

第4章

自分だけでなく
「お金」に働いてもらう
今日から始めたい
iDeCoと
つみたてNISA

PART 1

【年金の繰り下げ】

公的年金の受給開始を遅らせると受給額が大幅アップする

国民年金と厚生年金 どちらも受取り時期を選択できる！

年金の繰り下げで最高142％年金額がアップする

まず老後資金の柱である公的年金額を増やす方法を知っておきましょう。

公的年金には国民年金（老齢基礎年金）と厚生年金（老齢厚生年金）があり、原則65歳から受け取ることができますが、実は、どちらも60～70歳の間で、月単位で受取りの時期を選ぶことができます。

「早くもらい始めれば長くもらえて得なのでは？」と思うかもしれませんが、受給開始を1カ月繰り上げると受給額は0.5％減り、1年で6％減ります。もし60歳から受け取り始めると、65歳からの受給と比べて30％も年金額が減ります。

逆に、受給開始を1カ月遅らせると受給額は0.7％増加し、1年では8.4％の増額に。もし**70歳で受け取り始めると、年金額は65歳からの受給に比べて142％と大幅アップ**し、この増額は一生続きます。

年金支給は70歳まで「繰り下げ」できる

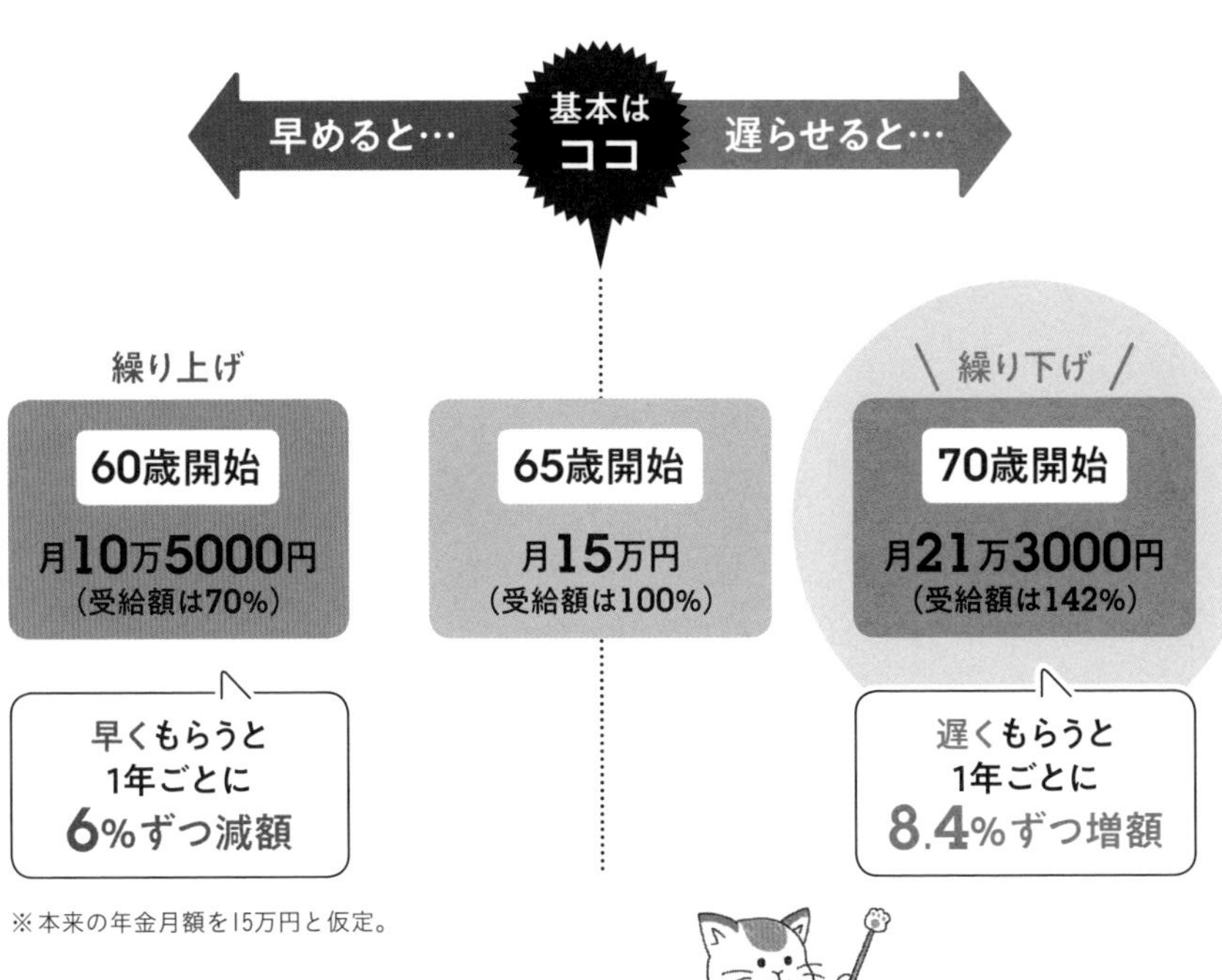

※本来の年金月額を15万円と仮定。

公的年金受給開始は原則65歳ですが、受給時期を遅らせることを「繰り下げ」といい、最大で70歳まで繰り下げできます。繰り下げに伴い、1カ月で0.7%、1年で8.4%支給額が増えます。70歳まで遅らせると、65歳からもらうのに比べ年金額は42%増に。逆に受給時期を早めることを「繰り上げ」といい、60歳まで繰り上げできます。

※2022年4月から、年金の受給開始時期機は、60歳〜75歳に選択の幅が拡大される。
また繰り上げの減額率は、0.4%に変更になる。

公的年金を繰り下げてできた空白の期間を自分年金で補てん

65歳以降は少しだけ働き、iDeCoを活用 70歳からは繰り下げで増額した年金で暮らす

公的年金の繰り下げをすると受給額がアップするので、長生き時代にはとても有効な手段といえます。ですが、知っておきたいポイントもあります。

繰り下げをすると、当然、年金を受け取れない期間ができます。例えば、70歳まで公的年金を繰り下げると、65歳から70歳までの生活資金をどうするかという問題が出てきます。そこで注目したいのが、自分年金制度である個人型確定拠出年金（iDeCo）の活用です。iDeCoで少しでも多く老後資金をつくり、65歳から70歳までのつなぎとしての生活資金に。公的年金は繰り下げて、70歳から142％に増えた金額で受け取れば、老後の生活費をより安定させることができます。

これからは70歳まで働く時代ではありますが、65歳以降は現役時代と同じようなフルタイムではなく、ペースダウンした働き方に変わっていきます。その収入だけで生活費をまかなうのは難しいので**少しだけ働き、iDeCoで足りない分を補てん。70歳からは増えた年金で暮らしていく**というライフロードはいかがでしょうか？

繰り下げ受給の受給率と受給額

受給方法	請求時年齢	受給率	受給額
本来請求	65歳0カ月	100.0%	15万円
繰り下げ受給	66歳0カ月	108.4%	16万2600円
	67歳0カ月	116.8%	17万5200円
	68歳0カ月	125.2%	18万7800円
	69歳0カ月	133.6%	20万400円
	70歳0カ月	142.0%	21万3000円
2022年4月から	71歳0カ月	150.40%	22万5600円
	72歳0カ月	158.80%	23万8200円
	73歳0カ月	167.20%	25万800円
	74歳0カ月	175.60%	26万3400円
	75歳0カ月	184%	27万6000円

※2022年4月以降に70歳になる人は75歳まで繰り下げることができる。

※金額は、15万円と仮定。本来の受取り開始年齢が65歳以上の人の場合。

PART 2

【iDeCo】

65歳まで延長！税制優遇がすごい「iDeCo」

iDeCo普及推進キャラクター「イデコちゃん」

公的年金だけでは足りない分は自分年金制度の活用を

老後の生活費に不安があるなら「積み立て」をしよう

「積み立て」は給与天引きなどを使うと、〝貯めやすく〟、また長期で積み立てることで、〝まとまった資金になる〟、などのメリットがあります。特に投資をするなら、積み立てはぴったりな方法です。コツコツ積み立てることで、値動きをあまり気にすることもありません。

中でも老後資金づくりにぴったりなのは、個人型確定拠出年金（iDeCo＝イデコ）です。iDeCoで積み立てをしておくと、左図のように**退職金（小規模企業共済）・iDeCo・公的年金を受け取る時期をずらしながら活用**することができます。

2022年5月から、iDeCoの加入可能年齢が65歳に引き上げられます。会社員を続けるなら5年間延長できるので、資産を増やしやすくなります。

正社員とフリーランス・iDeCoの活用例

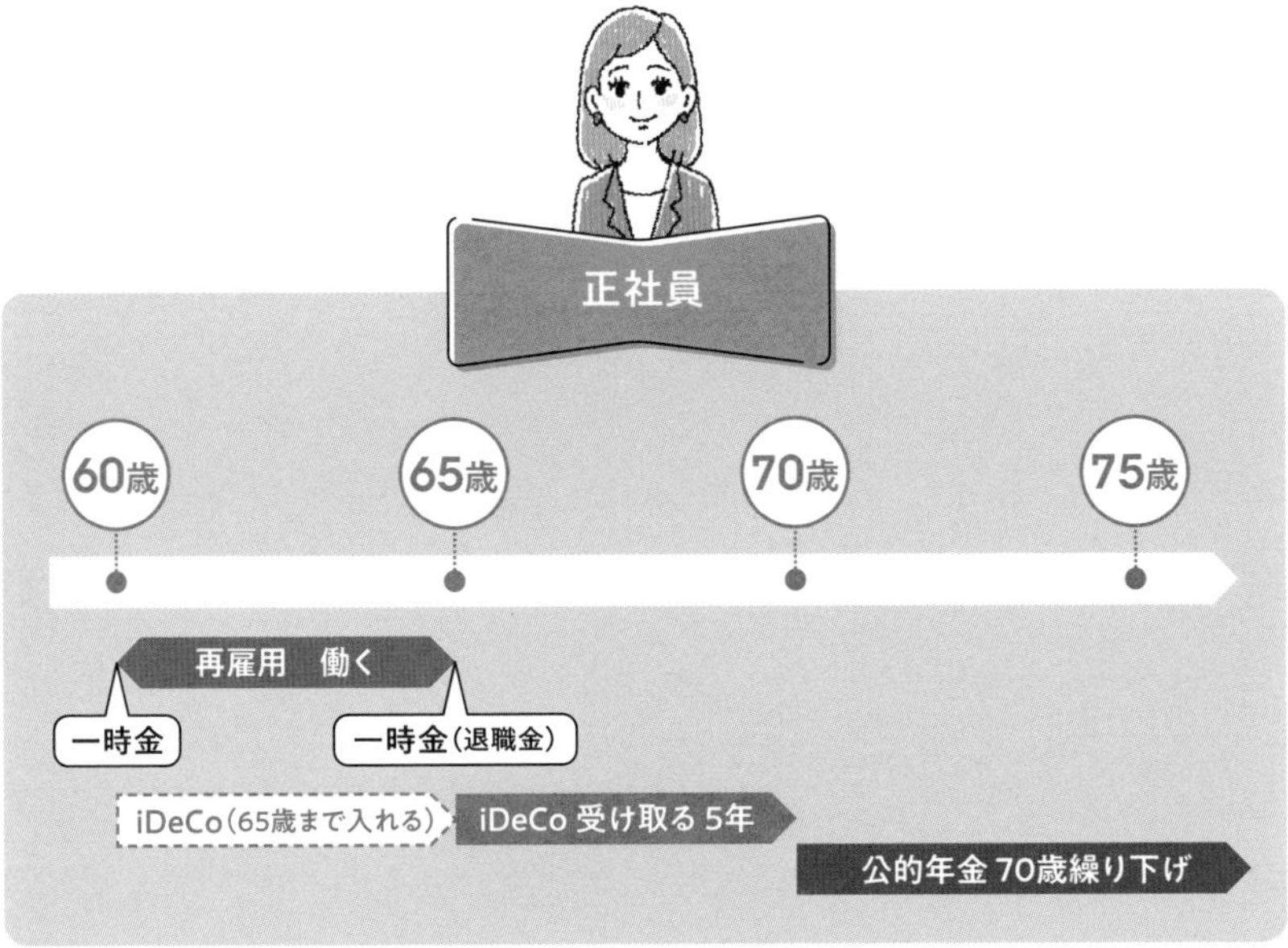

正社員

60歳
65歳
70歳
75歳

再雇用　働く
一時金
一時金（退職金）
iDeCo（65歳まで入れる）
iDeCo 受け取る 5年
公的年金 70歳繰り下げ

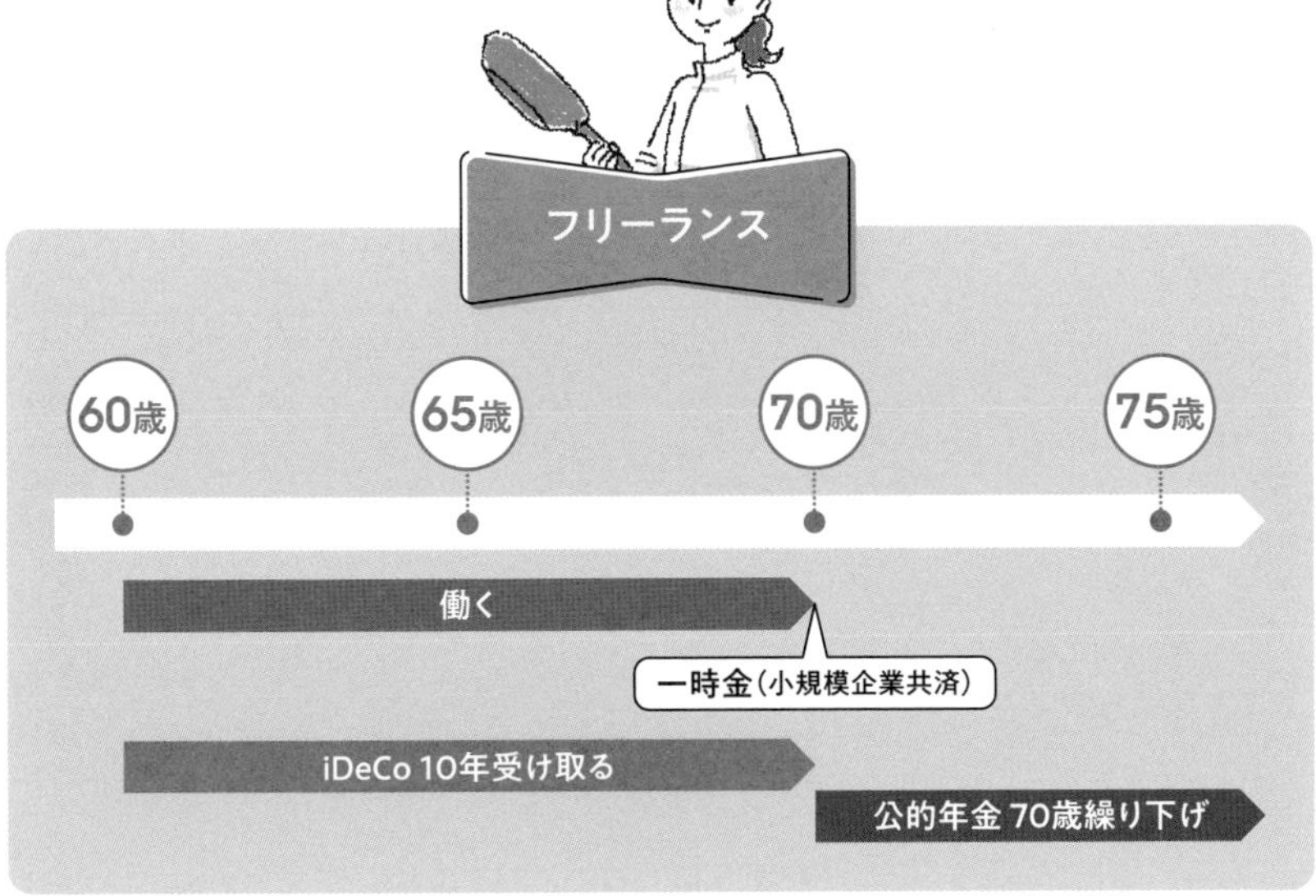

老後資金づくりにぴったり！「iDeCo」の仕組みを知ろう

国民年金・厚生年金加入者であれば加入できる税制面での大きなメリットにも注目

ｉＤｅＣｏ（個人型確定拠出年金）は、公的年金を補充し老後資金を自分で積み立てる、いわば「自分年金」の制度です。老後資金のための積み立てを始めるなら、この制度を最優先しましょう。

ｉＤｅＣｏは一部の例外を除いて、20～60歳までの国民年金・厚生年金加入者であれば加入できます。積立（拠出）は月５０００円から１０００円単位で自由に設定でき、積み立てた資金は定期預金、保険商品、投資信託の中から自分で選んで運用します。積立・運用した資金は60歳以降に一括または年金とその併用で受け取ります。その際の受取額は、運用結果によって増減します。

ポイントとなるのが、**資金を受け取れるのは60歳以降**という点です。ｉＤｅＣｏはあくまで老後資金をつくるための制度なので、いつでも自由に資金を引き出せるわけではありません。これは一見デメリットのようですが、**確実に資産を貯められるという意味ではメリット**ともいえます。

そして、何より大きなメリットは、税金面での優遇（税制優遇）が大きいこと。優遇について詳しくは１６６ページで解説します。

iDeCoの基礎知識

●iDeCoの仕組み

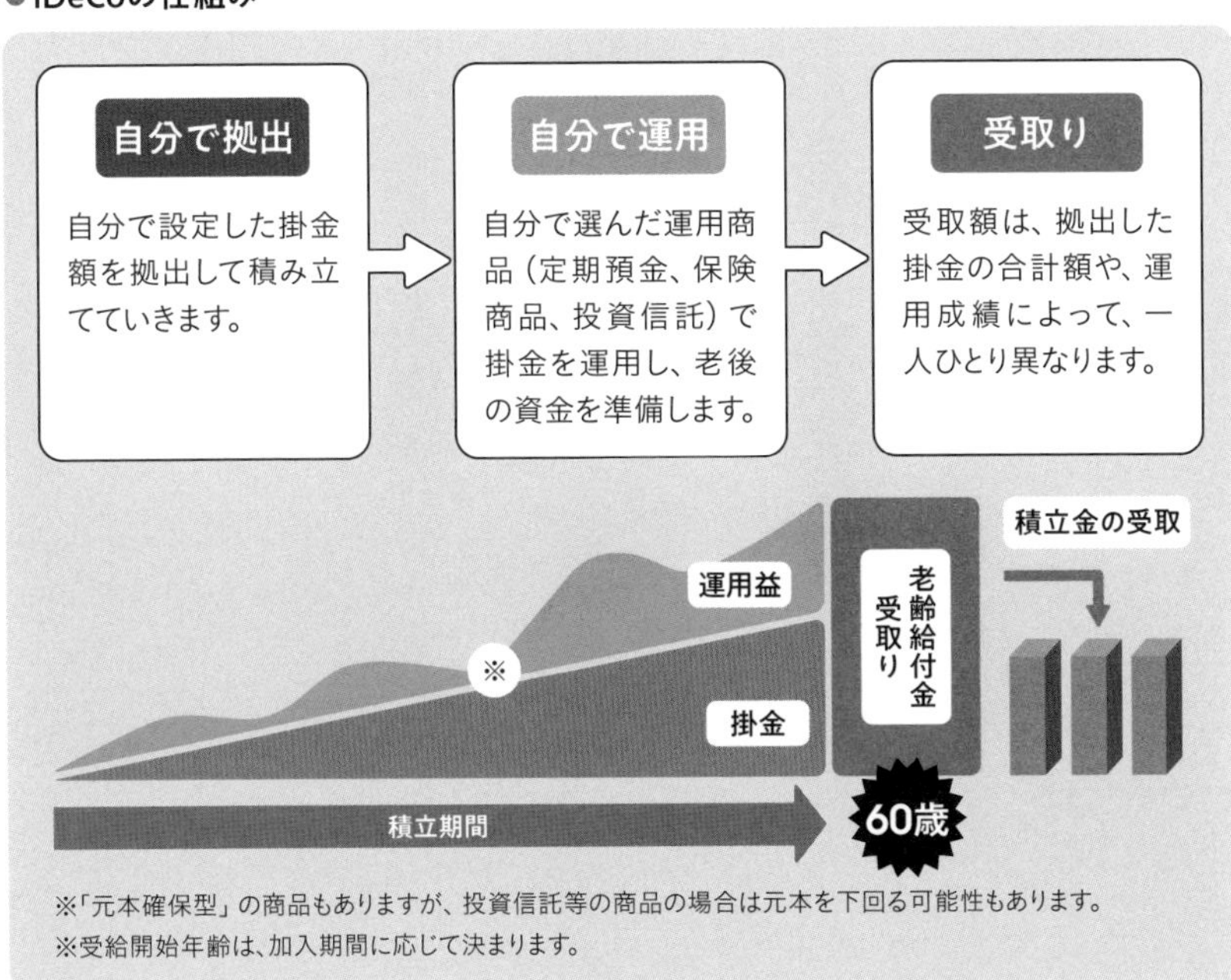

●iDeCo制度に関わる機関

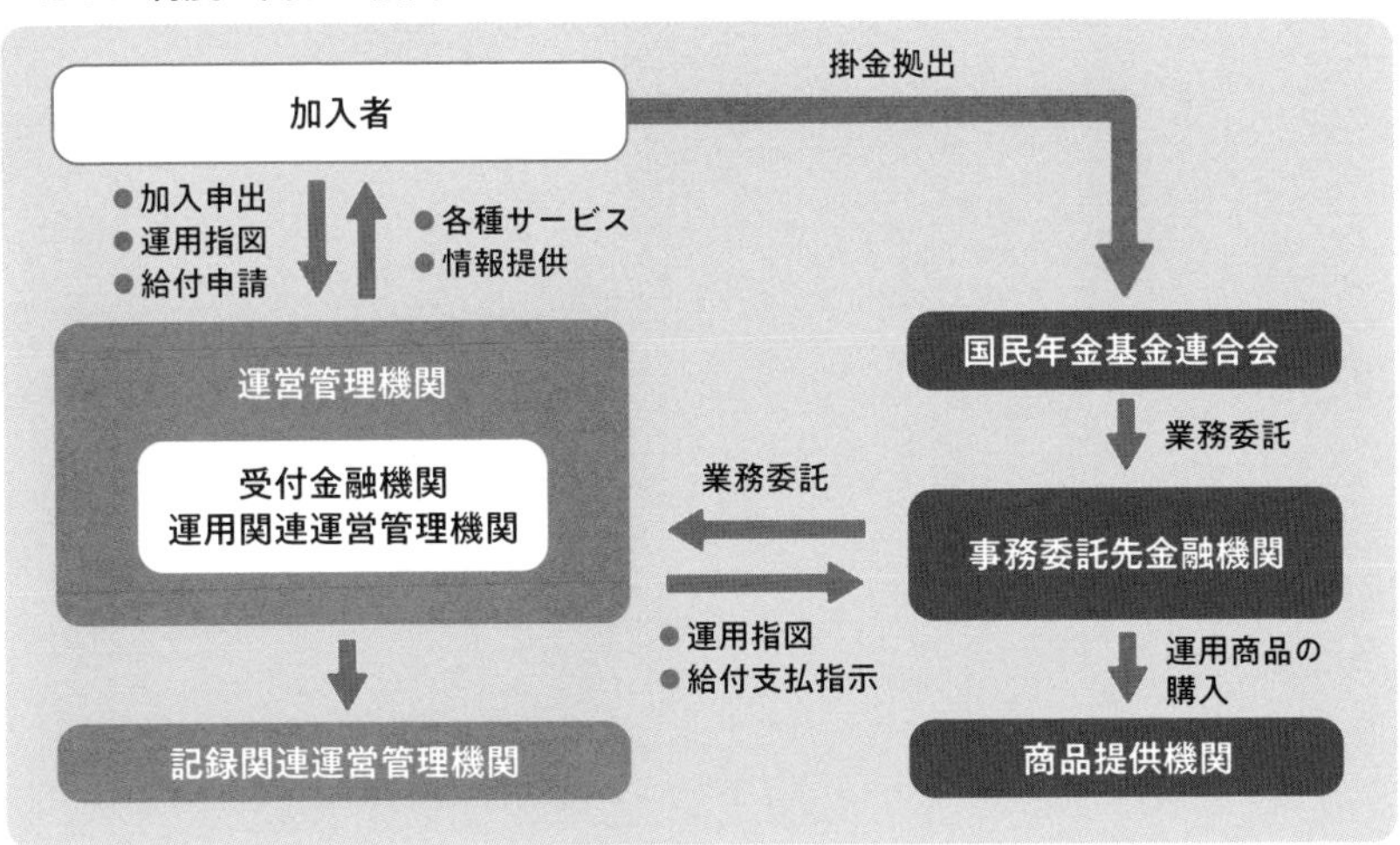

iDeCo最大のメリット 3段階の税制優遇とは?

iDeCoなら掛金を拠出している間ずっと税制優遇を受けられる

iDeCoでは、積立(拠出)時・運用時・受取時の3段階で大きな税制優遇を受けられます。

特にお得なのが積立時。掛金全額が所得控除の対象となり、その年の所得税と翌年の住民税が軽減されます。効果は掛金額や収入によって変わりますが、年間数万円の節税になります。

運用時は、**運用益(運用によって得た利益)が全額非課税**になるというメリットがあります。通常の投資では、運用益に対して20・315%の税金がかかります。つまり、100万円の利益があっても20万円強は税金で引かれてしまうのです。でも、iDeCoでは、利益を含めて運用し続けることができます。

そして、受取時にも税制優遇が受けられます。iDeCoで積立・運用した資金を**一時金として一括で受け取る場合は「退職所得控除」**が、**年金形式で受け取る場合は「公的年金等控除」**が適用され、税優遇されています。

このように、税金のメリットがすべてのタイミングで享受できるのが、他の制度にはないiDeCoの特長なのです。

iDeCoの3大税制優遇

積み立てる掛金を拠出する

掛け金を
拠出する時は…
**「掛金が全額
所得控除」**
となる

●年間の所得控除のイメージ

35歳会社員（配偶者および扶養控除対象外の16歳未満の子1人有）年収400万円の方が、掛金月額1万5000円を60歳まで拠出し続けた場合

iDeCo
未加入時の課税所得

所得控除額
年間18万円

iDeCoに加入し
掛金を拠出した場合の課税所得

節税額：2万7000円（年間）×25年＝約67万5000円

iDeCoでは、掛金が全額所得控除の対象となる。
課税所得から、年間の掛金を差し引いた金額に課税される。

税制優遇その
2

運用益に税金がかからない

積立金を
運用する時は…
「運用益は非課税」

一般の金融商品の場合にかかる課税部分※1
iDeCoなら非課税なので、この部分も合わせて
運用益はすべて年金資産となる。

運用益

元本
（積み立てた掛金）

元本確保型で積み立てた場合のイメージ

一般の金融商品は運用益に20.315％※1の税金がかかるが、iDeCoの場合なら全額非課税※2。

※1：所得税および復興特別所得税15.315％＋住民税5％
※2：年金積立金は特別法人税の対象となるが、現在課税凍結中。

税制優遇その
3

受け取る時には優遇される

給付金を
受け取る時も…
「税制優遇措置」
が受けられる

退職所得控除

受取り

一時金として受け取る

公的年金等控除

受取り　受取り　受取り

受取り　受取り　受取り

年金として受け取る

年金として受け取る場合は「公的年金等控除」、一時金として受け取る場合は「退職所得控除」が適用される。

積立額は無理せず
コツコツ長く続けることが大切

iDeCoの掛金の上限は働き方によって違う
年1回積立額を変えられる

iDeCoでは毎月5000円から掛金を積立て（拠出）できますが、上限額は加入者の働き方や、会社の企業年金によって変わります。

自営業者・フリーランス（第1号被保険者）の場合、掛金の上限は月6万8000円。会社員に比べてかなり上限が高いのが特徴です。ちなみに、国民年金基金に合わせて加入する場合は、合計して月6万8000円です。

会社員・公務員（第2号被保険者）の場合、4パターンに分かれます。会社に企業年金がない会社員は月2万3000円、企業型確定拠出年金（DC）に加入している会社員は月2万円、確定給付企業年金（DB）とDCに加入している会社員、DBのみに加入している会社員や公務員などは、月1万2000円になります。

専業主婦（夫）（第3号被保険者）は、月2万3000円が上限です。

iDeCoは毎月決まった額を積み立てますが、子どもの教育費がかかる時期など掛金を拠出するのが大変になれば、年1回積立額を変えることもできます。無理せず60歳まで長期にコツコツ積立てをしていきましょう。

60歳以降の受取り方は？ 効率的な受取りプランを考える

なるべく長く働き、公的年金の受取りは後に 会社員は退職金給付制度の確認もしておく

iDeCoはいつ、どんな形で受け取るのがいいのでしょうか？ 退職金や公的年金と合わせて、最も効率的に受け取れるプランを練る必要があります。大事なのは、公的年金は65歳から受け取らず、なるべく繰り下げること。また会社員なら自社の退職金給付制度を確認することも大切。退職一時金、企業型確定拠出年金（DC）、確定給付企業年金（DB）の受給額や期間、一括受取りなのか年金受取りなのかをきちんと把握しておきましょう。

老後の生活設計のキーワードは「W・P・P」です。これは、2018年の年金学会において、谷内陽一氏が提唱、慶応大学の権丈善一教授が広めた考えです。最初のWはWork Longerでできる限り長く働くこと、次のPはPrivate Pensionで私的年金、最後のPはPublic Pensionで公的年金を表しています。

60歳以降も働きながら年金を受け取る例を次ページで紹介しています。この例はあくまでも参考程度。これからの自分の働き方や税金や社会保険料も含めた手取りベースで受取額を計算して、自分の場合をプランニングしてみてください。迷う時は、専門家などに相談するのも一法です。

（iDeCo・DC・DB・公的年金）

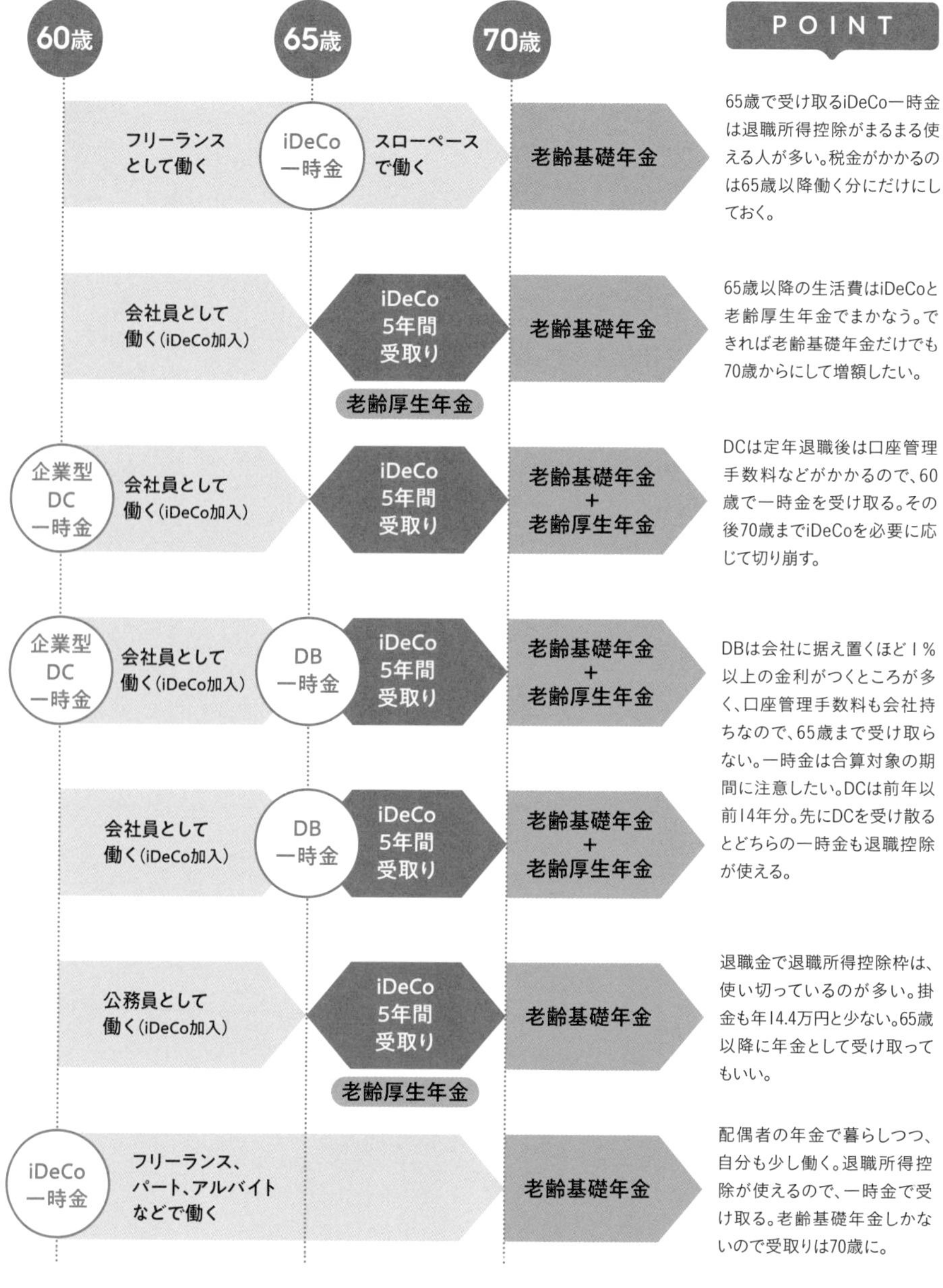

POINT

65歳で受け取るiDeCo一時金は退職所得控除がまるまる使える人が多い。税金がかかるのは65歳以降働く分にだけにしておく。

65歳以降の生活費はiDeCoと老齢厚生年金でまかなう。できれば老齢基礎年金だけでも70歳からにして増額したい。

DCは定年退職後は口座管理手数料などがかかるので、60歳で一時金を受け取る。その後70歳までiDeCoを必要に応じて切り崩す。

DBは会社に据え置くほど1％以上の金利がつくところが多く、口座管理手数料も会社持ちなので、65歳まで受け取らない。一時金は合算対象の期間に注意したい。DCは前年以前14年分。先にDCを受け散るとどちらの一時金も退職控除が使える。

退職金で退職所得控除枠は、使い切っているのが多い。掛金も年14.4万円と少ない。65歳以降に年金として受け取ってもいい。

配偶者の年金で暮らしつつ、自分も少し働く。退職所得控除が使えるので、一時金で受け取る。老齢基礎年金しかないので受取りは70歳に。

年金の受取り方の例

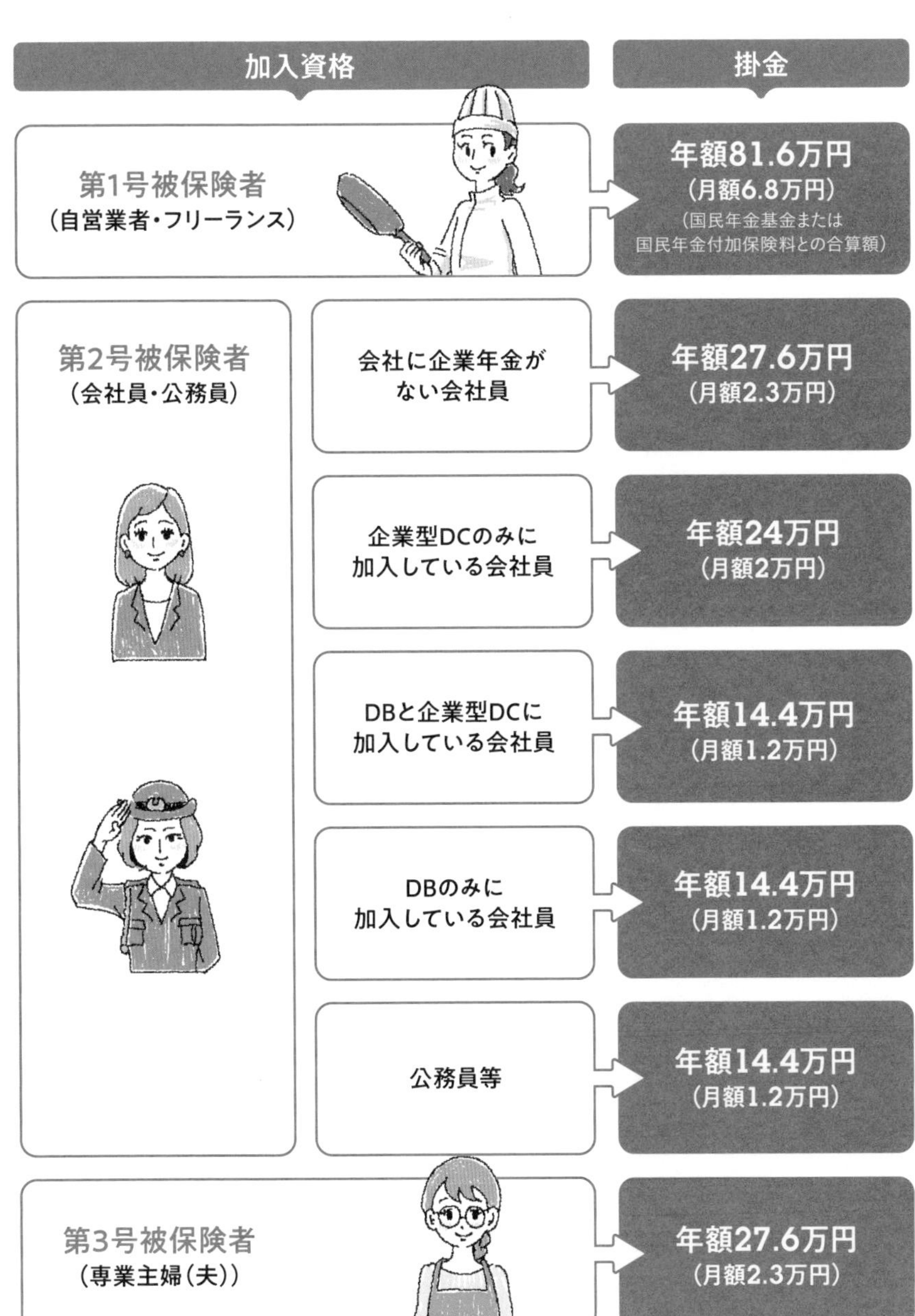
加入資格
掛金
第1号被保険者
(自営業者・フリーランス)
年額81.6万円
(月額6.8万円)
(国民年金基金または
国民年金付加保険料との合算額)
第2号被保険者
(会社員・公務員)
会社に企業年金が
ない会社員
年額27.6万円
(月額2.3万円)
企業型DCのみに
加入している会社員
年額24万円
(月額2万円)
DBと企業型DCに
加入している会社員
年額14.4万円
(月額1.2万円)
DBのみに
加入している会社員
年額14.4万円
(月額1.2万円)
公務員等
年額14.4万円
(月額1.2万円)
第3号被保険者
(専業主婦(夫))
年額27.6万円
(月額2.3万円)

積立（拠出）時の所得控除でどれくらいお得になる？

少ない掛金でもiDeCoのメリットは十分に享受できる

iDeCoの税制優遇での大きなメリットは、**拠出した掛金がすべて所得控除の対象になる**こと。といってもピンとこないかもしれません。会社員の花子さんとフリーランスの美子さんの例で、控除のメリットを見てみましょう。

毎月1万5000円を積み立てている会社員の花子さんの場合、1年間で18万円が所得控除の対象になります。年間の節税額はおよそ2万7100円となり、これを33年間続ければ89万2700円もの税金がお得になります。

一方、毎月上限いっぱいの6万8000円を積み立てているフリーランスの美子さんは、年間81万6000円が所得控除の対象になります。17年間続けた時の節税額は、464万4400円と、驚くほどの金額になります。

こうやって節税額を見ることで、iDeCoの特長がよくわかるのではないでしょうか。花子さんのように月1万5000円と**それほど多くない掛金でも十分メリットを享受できます。**

ただし、所得控除を受けるには、会社員なら年末調整、フリーランスなら確定申告で申請しなければならないので、忘れずに手続きしましょう。

会社員とフリーランスの節税効果は?

会社員
花子さんの場合

年齢
27歳

所得(年収)
300万円

毎月掛金
1万5000円

年間所得控除
18万円

節税効果(年間)
2万7100円

33年間で
89万2700円
節税

※所得(年収)で算出。

フリーランス
美子さんの場合

年齢
43歳

所得(年収)
800万円

毎月掛金
6万8000円

年間所得控除
81万6000円

節税効果(年間)
27万3200円

17年間で
464万4400円
節税

長期運用でリスクを抑えながら資産を増やせる

定期預金と投資信託の運用では30年間でこんなに差が出る！

iDeCoは長期間積み立てて運用することを前提にした制度です。投資で損失が出た場合、短期間では損失を取り戻すことが難しいかもしれませんが、世界経済は長い目で見れば着実に成長しているため、長期間であれば安定的に収益を上げやすいからです。

また、**少額でもコツコツ投資を続けると、その利子に利子がつく「複利」の効果が得られます。**月2万円ずつ30年間（＝元本720万円）積立投資をすると増える資産を試算してみましょう。金利0・02％の定期預金で積み立てた場合、30年後の残高は722万1583円です。一方、投資信託で積立投資した場合、利回り4・3％では30年後には1464万7925円となり、利回り6・4％では2169万8428円になるという試算結果になりました。

30年預けてもほとんど資産が増えない定期預金と比較すると、複利効果のある投資のほうがどれほど有利なのかがわかります。節税効果に加えて、長期間の投資でリスクを抑えながら資産を増やす可能性が大きいiDeCoは、老後資金づくりにぴったりの制度なのです。

月2万円を30年積み立てたら?

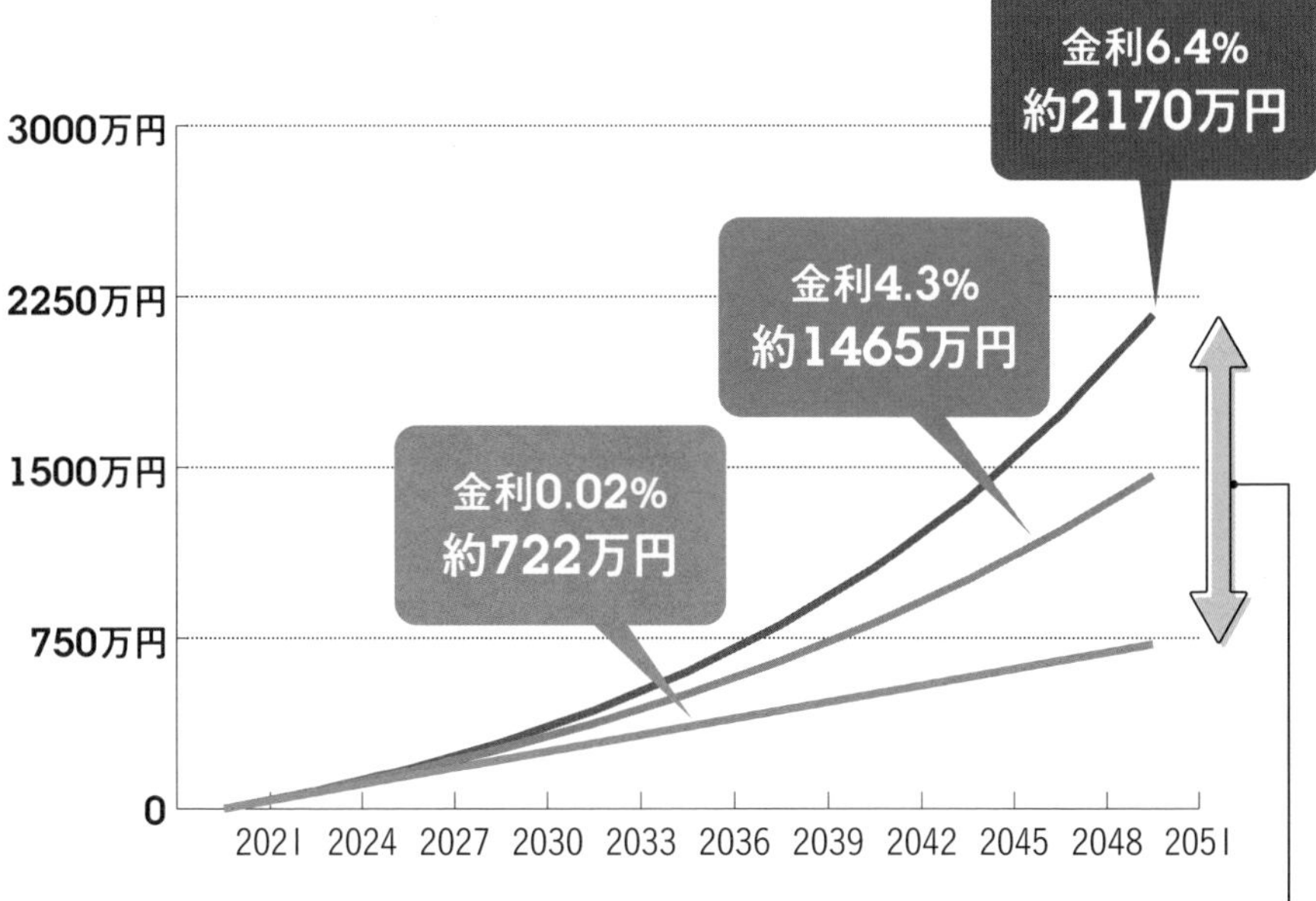

30年後には

約1448万円の差!

(金利6.4%と0.02%の比較)

iDeCo口座はどこにする？ 選び方の注意点とポイント

iDeCo口座を開設する金融機関は手数料・商品のラインナップ・サービスに注目して選ぼう

iDeCoを利用するには、運営管理機関である証券会社や銀行などでiDeCo専用の口座を開く必要があります。ただし、一人が持てるiDeCo口座は一つだけ。どこでも条件は同じではないので、リサーチは必須です。

まず「手数料」を確認しましょう。 iDeCoでは、①国民年金基金連合会、②事務委託先金融機関、③金融機関に手数料を支払う必要があります。このうち、①と②に支払う手数料は一律なので比較は不要です。

一方、③の金融機関に毎月支払う運営管理手数料は、申し込む金融機関によって金額が変わります。数百円の差といっても、長期投資での積立てでは大きな金額になるので、確認し、できるだけ安いところを選びましょう。

また、**運用商品のラインナップやサポート体制も金融機関によって違います。**ネット証券は運営管理手数料を無料にしているところが多いです。また対面でのフォローなどサポートを受けたいのであれば、店舗型の証券会社や銀行もよいでしょう。ネット証券でもチャットやWEBで相談できるところもあります。自分の希望に合わせて金融機関を決めるようにしましょう。

金融機関選びは手数料をチェック

>>> iDeCoの手数料は金融機関で異なる

iDeCoでは、加入時と運用期間中に手数料が発生する。そのうち、「運営管理手数料」は金融機関により異なる。長期間の運用ではこの差は大きくなるため、割安のところを選ぶのが基本。

Check!
- ☑ 運営管理手数料が割安か
- ☑ 投資信託のラインナップが充実しているか
- ☑ 信託報酬が低いか

加入時	運用期間中(口座管理手数料)		
	収納手数料	事務委託手数料	運営管理手数料
国民年金基金連合会	国民年金基金連合会	事務委託先金融機関(信託銀行)	加入する金融機関(運営管理機関)
2829円	1回の拠出ごとに105円	月額66円	0~数百円程度

>>> 手数料が発生するタイミングと支払い先

●iDeCo口座にかかる手数料について

発生のタイミング	お支払先	金額	加入者※1(拠出される方)	運用指図者※1(拠出されない方)
iDeCo口座開設時のみ※2	国民年金基金連合会	2829円	○	○
都度※3	国民年金基金連合会※4	105円	○	―
	運営管理機関	プランごとに定められた金額	○	○
	事務委託先金融機関※5	66円※6	○	○

※1 加入者は拠出金から、運用指図者は資産から差し引かれる。　※2 プランの変更等の場合で、すでにiDeCoの口座がある場合はかからない。　※3 加入者は拠出の都度、運用指図者はプランごとに定められた時期。　※4 拠出ごとの手数料。年2回拠出の場合：210円/年　毎月拠出の場合：1260円/年　※5 1カ月ごとの手数料。拠出頻度、加入者、運用指図者にかかわらず　792円/年　※6 一部の事務委託先金融機関は異なる。

手数料以外にも注目したい！
金融機関選びのチェックポイント

1 分散しやすいインデックス型(低コスト)があること。

2 各商品の特長がわかりやすく表示されている。Webサイトが見やすい。

金融機関を絞ったら申し込み書類を取り寄せよう

iDeCoの申し込みには時間がかかる早めの申し込み&念入りなチェックを

金融機関をある程度選んだら、加入の申し込みに必要な書類を金融機関のホームページやコールセンターなどを通して取り寄せて比較しましょう。

働き方や職業によって多少書類は変わりますが、「個人型年金加入申出書」は必須です。書類作成に使う基礎年金番号や掛金の引き落とし口座情報、金融機関の届出印などは、あらかじめ用意しておきましょう。会社員や公務員は「事業主の証明書（事業所登録申請書兼第2号加入者に係る事業主の証明書）」を勤め先に記入してもらう必要があるので、担当部署に依頼してください。

書類を金融機関に送ると、国民年金基金連合会が、加入者資格の審査が行います。iDeCoは**掛金の上限が職業などによって違うため審査に時間がかかり、提出から口座開設まで通常1カ月かかります。**書類に不備があると余計に時間がかかるので、念入りに確認してから提出しましょう。

審査を通ると、個人型年金加入確認通知書やログイン用のID、パスワードが届きます。初回の口座管理手数料引き落としや商品購入まで申し込みから2カ月かかることもあります。

申出書の記入例

●申出書の記入例（第2号被保険者用）

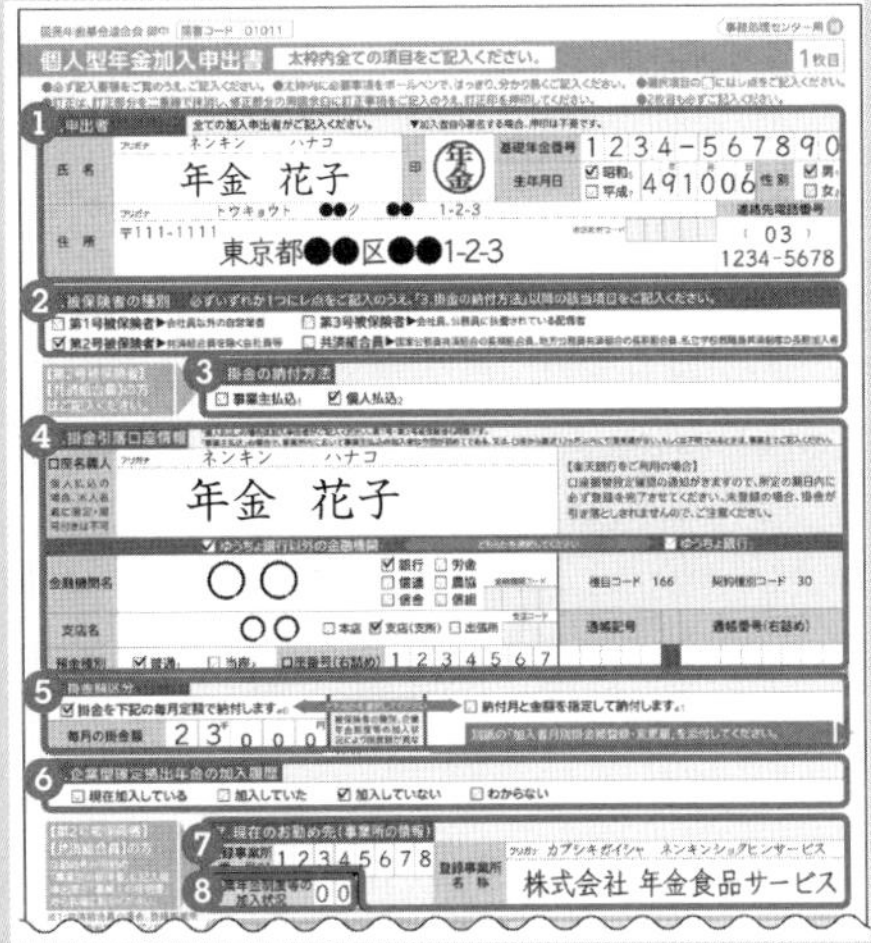

国民年金基金連合会 御中　提出コード 01011　事務処理センター用

個人型年金加入申出書　太枠内全ての項目をご記入ください。　1枚目

●必ず記入要領をご覧のうえ、ご記入ください。●太枠内に必要事項をボールペンで、はっきり、分かり易くご記入ください。●選択項目の□にはレ点をご記入ください。
●訂正は、訂正部分を二重線で抹消し、修正部分の周囲余白に訂正事項をご記入のうえ、訂正印を押印してください。●2枚目も必ずご記入ください。

1 申出者　全ての加入申出者がご記入ください。▼記入自署の場合、押印は不要です。
氏名　フリガナ ネンキン ハナコ　年金 花子　印（年金）
基礎年金番号 1234-567890
生年月日 ☑昭和 □平成 491006　性別 ☑男 □女
住所　フリガナ トウキョウト ●●ク ●● 1-2-3　〒111-1111 東京都●●区●●1-2-3
連絡先電話番号（03）1234-5678

2 被保険者の種別　必ずいずれか1つにレ点をご記入のうえ、「3.掛金の納付方法」以降の該当項目をご記入ください。
□第1号被保険者▶会社員以外の自営業者　□第3号被保険者▶会社員、公務員に扶養されている配偶者
☑第2号被保険者▶共済組合員を除く会社員等　□共済組合員

3 掛金の納付方法
□事業主払込　☑個人払込

4 掛金引落口座情報
口座名義人　フリガナ ネンキン ハナコ　年金 花子
【楽天銀行をご利用の場合】
☑ゆうちょ銀行以外の金融機関　□ゆうちょ銀行
金融機関名 ○○　☑銀行 □労金 □信連 □農協 □信金 □信組
支店名 ○○　□本店 ☑支店（支所） □出張所
預金種別 ☑普通 □当座　口座番号（右詰め）1234567
種目コード 166　契約種別コード 30　通帳記号　通帳番号（右詰め）

5 掛金額区分
☑掛金を下記の毎月定額で納付します。　□納付月と金額を指定して納付します。
毎月の掛金額 23,000円

6 企業型確定拠出年金の加入履歴
□現在加入している　□加入していた　☑加入していない　□わからない

7 現在のお勤め先（事業所の情報）
登録事業所番号 12345678　登録事業所名称　フリガナ カブシキガイシャ ネンキンショクヒンサービス　株式会社 年金食品サービス

8 企業年金制度等の加入状況 00

1 申出者の情報

- 申出者が自書
- 基礎年金番号は年金手帳を参照し記入する。会社員で手元に年金手帳がない場合は会社に問い合わせを。

2 被保険者の種別

該当するものにチェック（レ点）を入れる

3 掛金の納付方法

「事業者払込（給与天引き）」か「個人払込」のどちらかを選択。事業者払込をする場合は会社に確認が必要。

4 掛金引き落とし口座情報

「個人払込」なら自分の口座情報を、「事業者払込」は会社に記入してもらう。

5 掛金額区分

毎月定額なら「掛金を下記の毎月定額で納付します」を選択し、金額を記入する。年単位での拠出なら「納付月と金額を指定して納付します」を選択し、別紙の加入者月別掛金額登録・変更届を添付する。

6 企業型確定拠出年金の加入履歴

該当するものにチェック（レ点）を入れる

7 現在の勤め先（事業所の情報）

- 申出者が自書
- 基礎年金番号は年金手帳を参照し記入する。会社員で手元に年金手帳がない場合は会社に問い合わせを。

8 企業年金制度等の加入状況

勤め先に記入してもらった「事業所登録申請書兼第2号加入者に関わる事業主の証明書」の「4.企業年金制度の加入状況」を転記する。

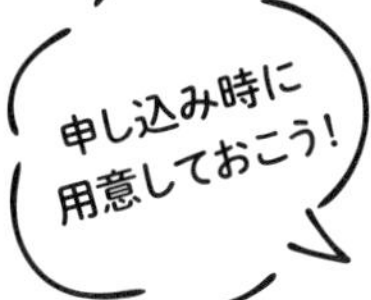

- □ 基礎年金番号
- □ 金融機関届出印
- □ 掛金引き落とし口座情報
- □ 個人型年金加入申出書

- □ 事業所登録申請書兼第2号加入者に係る事業主の証明書

- □ 第2号加入者に係る事業主の証明書（共済組合員用）

iDeCoの運用商品は2タイプ 初めて選ぶ時のポイントは？

運用商品は投資信託を選択！ 初心者は「インデックス型」がオススメ

ｉＤｅＣｏの運用商品のうち、元本確保型の定期預金と保険は原則１００％元本が保証されます。それに対して、元本変動型の投資信託は運用によって資産の増減があり、元本より資産が減る可能性もあります。

元本確保は安全ですが、低金利のため資産はほとんど増えないのがデメリット。逆に、投資信託は資産が増える可能性があり、資産減少のリスクも長期・分散・積立という三つの基本を守ることで軽減できます。そのため、せっかくｉＤｅＣｏを始めるなら投資信託を選ぶことをおすすめします。

投資信託には、投資する対象や地域によって種類があるのですが、**選ぶ決め手の一つは信託報酬（手数料）**です。信託報酬とは投資信託を運用・管理するために必要な費用で、信託財産の中から「総資産総額」に対して何％という形で毎日差し引かれます。この信託報酬が低いものを選ぶのが鉄則です。

投資信託は運用スタイルによって「インデックス型」と「アクティブ型」に分かれますが、投資初心者であれば、信託報酬が低くて市場に連動するというシンプルな仕組みのインデックス型を選ぶことをおすすめします。

iDeCoで選べる商品タイプは2種類

コツコツ積立て

資産残高 資産残高 資産残高 資産残高 資産残高

◎ 原則100%元本保証

△ 低金利だと資産は大きく増えない

元本変動型
[投資信託]

資産が増えたり減ったりする

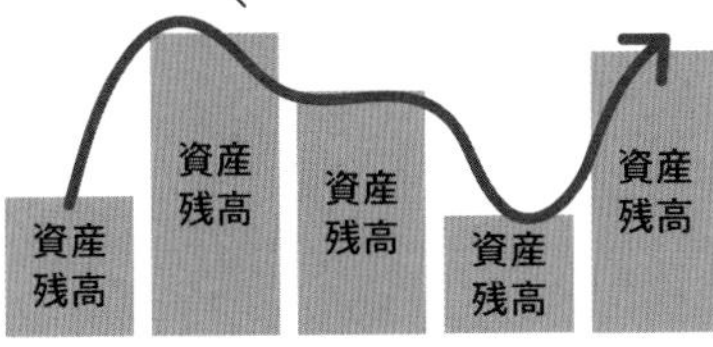

◎ リスクはあるが資産を増やせる可能性がある

× 積み立てたお金が減る場合もある

投資信託の運用法には2種類ある

インデックス型

市場全体に分散投資する。国内株式の運用は「日経平均株価やTOPIX」のような市場の値動きを示す指数と同じような値動きを目指す運用方法。コスト（信託報酬）が安いのが魅力

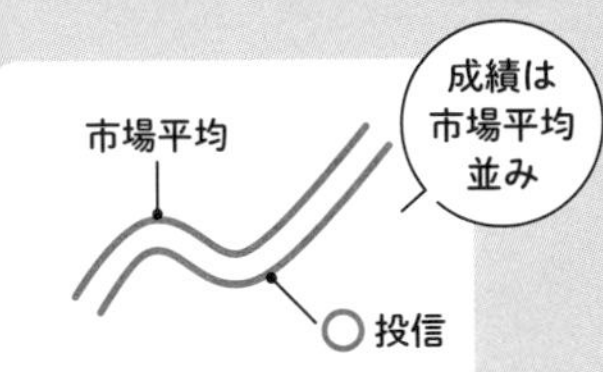

アクティブ型

運用会社が独自に銘柄を選び、市場平均を超える成果を目指す運用方法。調査などの手間がかかるのでコストは高め。実際の成績は投信によって差が大きい

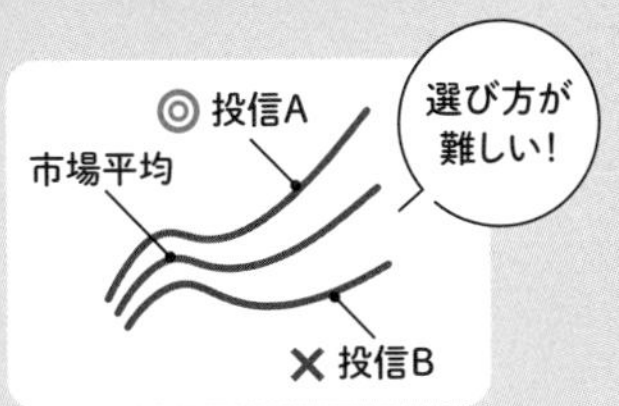

投資信託を選ぶ前に自分のリスク許容度を決めておく

投資信託は種類によってリスク度が違う組み合わせても1本で運用してもOK

投資信託は投資対象でも分類できます。「投資先限定型」は、国内外の株式、REIT（リート・不動産投資信託）、債券などの投資対象に絞って投資を行うタイプがあります。一般的に、債券よりREIT、REITよりも株式のほうが高リスク・高リターンです。同様に、国内資産より外国資産が、外国資産の中でも先進国よりも新興国のほうが高リスク・高リターンになります。このように投資先によって値動きの要因やブレ幅、為替の影響などがあります。

もう一つは、「バランス型」です。投資対象や地域など複数の対象を組み合わせて投資を行うタイプで、1本だけで幅広い分散投資ができます。

これらの中から、なるべくリスクを抑えたいなら国内債券型、リターン重視なら外国株式型の投資信託というように、自分のリスク許容度に合った商品を選びましょう。対象を複数組み合わせて、リスクとリターンを調整することも。

投資信託を決めたら、しばらくはほったらかしでOK。ただし、ファンドの「月次レポート」は見ておきましょう。長期に保有する資産として合っているのかなどチェックしておきたいものです。

投資信託は投資対象によって3タイプ

TYPE 1

リスクを考慮して1つの資産に投資する!

投資先限定型

国内債券	日本国内で発行される円建ての債券への投資が中心で低リスク。金利が上がると値下がりする特徴も。
海外債券	国内債券よりも金利がやや高め。債券なので値動きは穏やかだが、外貨建てのため為替の影響を受けやすい。
国内REIT	日本国内の不動産に投資する。賃料や売買益が収益となり、そのほとんどが分配金として還元される。
海外REIT	日本を除く世界のREITを指す。米国REITや新興国REITなどが含まれる。為替リスクがある。
日本株	国内に上場する個別株のこと。日本人にとって身近な投資対象。国内景気や企業業績が影響する。
海外株	海外企業の中でも米国や欧州などの先進国の株式がメイン。為替リスクなどはあるが上昇力もある。
新興国株	ブラジルやインド、南ア、中国などの新興国の株式へ投資する。値動きや為替の動きが激しいので注意が必要。

TYPE 2

複数の資産に投資する!

バランス型

上記で紹介した資産を2種類以上組み合わせた投信。債券に投資する比率が高いほど手堅く、株の比率が高いほどリスクも高くなる。これ1本で分散投資できるところが魅力だ。

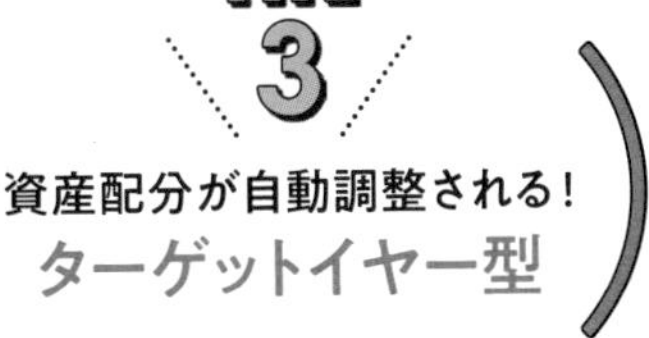

TYPE
3
資産配分が自動調整される!
ターゲットイヤー型

運用者の年齢に合わせて資産構成が自動で変わる投信。年齢が若いほど株の比率を高くしてリスクを取るが、退職の年が近づくにつれて債券の比率を高めて利益を確保していく仕組み。

PART 3

【つみたてNISA】

非課税でお金をいつでも引き出せる「つみたてNISA」

つみたてNISAキャラクター「つみたてワニーサ」

幅広い用途に利用できる「つみたてNISA」の仕組み

投資上限額が異なる「一般NISA」と「つみたてNISA」
長期でコツコツ増やすなら「つみたてNISA」を

NISA（ニーサ・少額投資非課税制度）は、**投資で得た運用益が非課税**になる制度です。この制度には非課税になる投資上限額が年120万円、非課税投資期間が5年間の「一般NISA」と、投資上限額が年40万円、非課税投資期間が20年間の「つみたてNISA」があります。

つみたてNISAは名前のとおり積立てで、一定の条件を満たした株式投資信託のみ。一括投資や株式投資がしたい人には、一般NISAが向いていますが、長期間、毎月少額で投資信託の積立投資（投信積立）をするなら、つみたてNISAがおすすめです。

つみたてNISAは、**積み立てたお金はいつでも引き出せます。**そのため、家や車の購入など、幅広い用途に利用できます。

つみたてNISAは非課税期間20年、年間投資額40万円

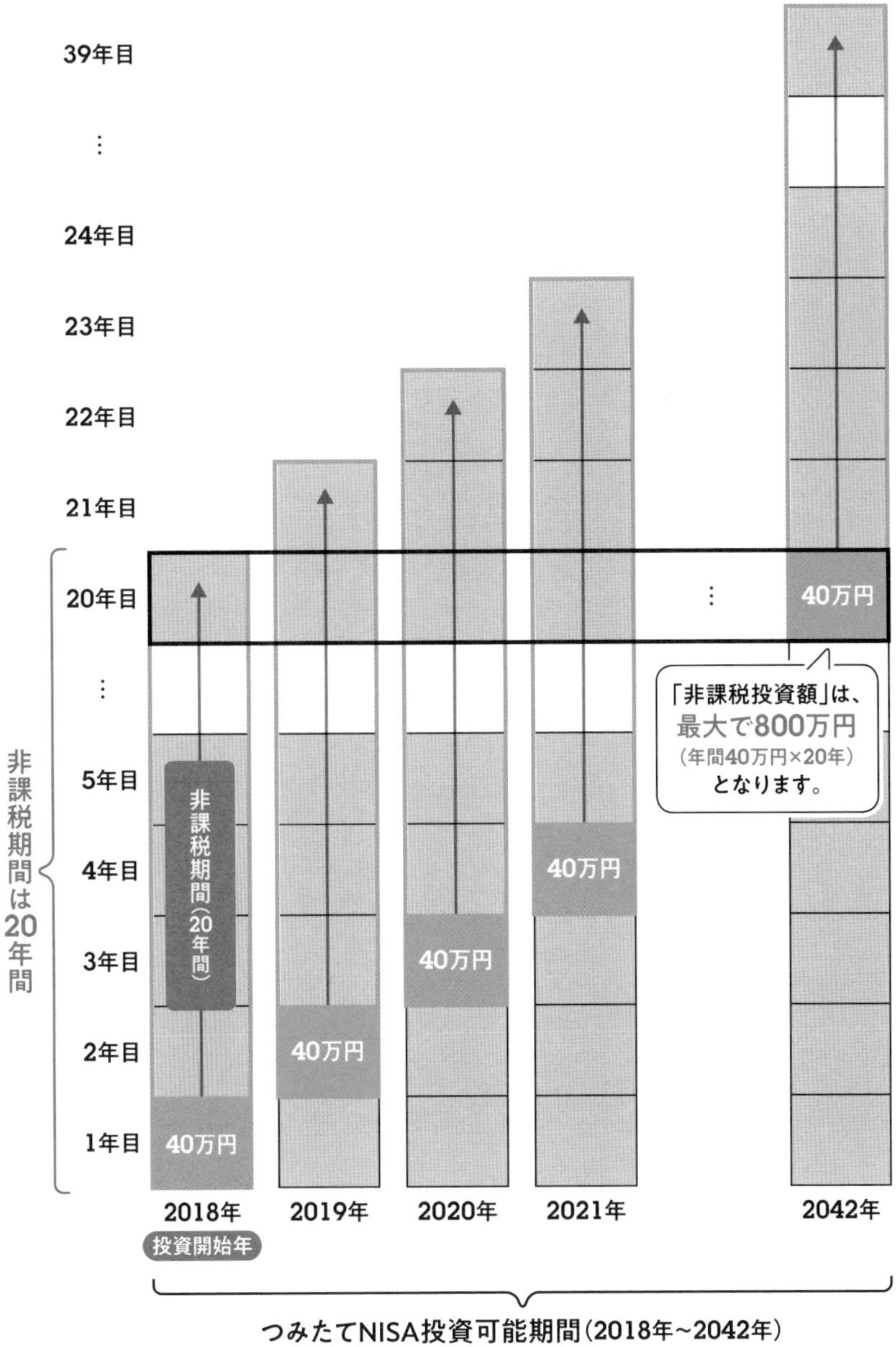

39年目
⋮
24年目
23年目
22年目
21年目
20年目
⋮
5年目
4年目
3年目
2年目
1年目

非課税期間は20年間

2018年 投資開始年：40万円　非課税期間（20年間）
2019年：40万円
2020年：40万円
2021年：40万円
⋮
2042年：40万円

「非課税投資額」は、最大で800万円（年間40万円×20年）となります。

つみたてNISA投資可能期間（2018年～2042年）

投資初心者にぴったり！ つみたてNISAの5つの特徴

iDeCoのような所得控除はないけれど非課税期間が長く、長期での資産づくりに最適

つみたてNISAは投資経験がなくても「長期・分散・積立投資」を有利にスタートできることが最大のメリット。投資の対象は、投資初心者も選びやすい投資信託のみ。それも長期運用に適した投資信託だけに限られています。しかも数千本ある投資信託の中から、**信託報酬が一定以下など金融庁の定めた基準を満たしたものだけがラインナップされています。**

税制優遇に関しては、iDeCoのような積立時と受取時の税制優遇はありませんが、運用益が非課税になります。投資で得た運用益にかかる税金（20・315%）ですが、つみたてNISAを利用すればこの税金が一切かかりません。長期間な年単位で見ると一般NISAのほうが非課税の投資上限額が大きいのですが、投資期間全体を通して見ると、つみたてNISAは最大800万円が非課税になり、一般NISAの最大600万円よりも大きくなります。

またつみたてNISAは積み立てたお金をいつでも引き出せる自由さも魅力。これは60歳まで引き出すことのできないiDeCoとは異なります。**住宅購入や起業準備など、ライフプランに合わせて活用することもできます。**

つみたてNISAの特徴

特徴1

少額からでも運用を始められる投資信託[※1]が対象

特徴4

つみたてNISAの対象となる投資信託[※2]は、安定的な資産形成を目指す、長期・積立・分散投資に適した商品となるよう

- 販売手数料が0円(ノーロード)[※3]で、信託報酬[※4]も低い商品
- 頻繁に分配金が支払われない商品

などの法令上の条件が設けられている

特徴2

投資信託の運用益が非課税

特徴5

いつでも、いくらでも売却できる

特徴3

非課税投資枠は年間40万円で、非課税で保有できる期間は投資した年から20年間。新規拠出は2042年まで、毎年最大40万円まで積立投資が可能

2042年に始めれば2062年まで非課税で保有できる!

※1 つみたてNISAの対象となる投資信託には、公募株式投資信託とETF(上場株式投資信託)がある。

※2 対象商品は金融庁ウェブサイトに公表される。

※3 つみたてNISAの対象商品となるETFには、通常、販売手数料がかかる。

※4 投資信託の保有期間中、投資信託の純資産総額から差し引かれる運用管理費用。

つみたてNISA、どこで申し込む？失敗しない金融機関の選び方

ラインナップや最低積立額、積立頻度など金融機関によってさまざま。自分に合った方法を選ぼう

つみたてNISAを利用するには、証券会社や銀行でつみたてNISA専用口座を開設する必要があります。口座は一人一つしか持てず、金融機関によって強みが違うので、事前にリサーチしましょう。

まず確認したいのは投資信託のラインナップです。投資信託の数は、ネット証券では100本以上、店舗型の証券会社や銀行では数本〜数十本など差がありますが、数だけでなく内容に注目してください。投資信託には「インデックス型」と「アクティブ型」があり、投資初心者であればインデックス型から始めたいものです（詳しくはP18ページ下の囲み参照）。そのため、**信託報酬の低いインデックス型の投資信託が充実しているかチェック**しましょう。

また、最低積立額が金融機関によって違います。月1000円からの積立てが一般的ですが、ネット証券では月100円から積み立てられるところもあります。さらに、積立頻度も一般的なのは「毎月」ですが、「毎日」、「毎週」、「ボーナス月の増額」など、自由度が高い金融機関もあります。自分に合った方法を選ぶとよいでしょう。

つみたてNISA対象商品の要件

<table>
<tr><th colspan="3">商品分類</th><th>信託報酬（税抜）</th><th>手数料</th><th>その他</th></tr>
<tr><td rowspan="4">公式株式投信信託</td><td rowspan="2">指定インデックスのみに投資する投信</td><td>国内資産を対象</td><td>0.5%以下</td><td rowspan="4">売買手数料・解約手数料（※）・口座管理料すべて無料</td><td rowspan="2">●告示において指定されたインデックスと連動していること
●主たる投資の対象資産の株式を含むこと</td></tr>
<tr><td>海外資産を対象</td><td>0.75%以下</td></tr>
<tr><td rowspan="2">上記以外の投信（アクティブ運用投信など）</td><td>国内資産を対象</td><td>1%以下</td><td rowspan="2">●純資産総額50億円以上
●設定から5年以上経過
●設定来資金流入超の回数が2/3以上
●投資対象資産が「株式」「株式及び公社債」「株式及びREIT」「株式、公社債及びREIT」のいずれかであること</td></tr>
<tr><td>海外資産を対象</td><td>1.5%以下</td></tr>
<tr><td rowspan="2">ETF（上場株式投資信託）</td><td colspan="2">国内取引所に上場</td><td rowspan="2">0.25%以下</td><td rowspan="2">販売手数料1.25%以下
口座管理料無料</td><td rowspan="2">●円滑な流通のための措置が講じられているとして、取引所が認定するもの
●告示された指定インデックスに連動していること
●主たる投資の対象資産に株式を含むこと
●最低取引単位1000円以下</td></tr>
<tr><td colspan="2">外国取引所に上場</td></tr>
</table>

※信託財産留保額を除く

金融機関が決まったら申し込みの準備を！

つみたてＮＩＳＡの口座開設は簡単！申し込みの流れをチェックしよう

金融機関が決まったら申し込みをしましょう。まず、金融機関から申し込み書類を取り寄せます。それまで取引をしたことがない証券会社に申し込む場合は、つみたてＮＩＳＡ口座と一緒に総合口座も申し込む必要があるので、両方の書類を提出します。その際、本人確認書類として免許証などのほかに、マイナンバー（12桁の個人番号）が必要になるので、用意しておきましょう。

ネット証券に申し込む場合、ＷＥＢ上でつみたてＮＩＳＡ口座と総合口座の開設が同時にできます。本人確認書類も、撮影した書類をパソコンやスマートフォンからアップロードするだけでＯＫです。

銀行に申し込む場合は、つみたてＮＩＳＡ口座とともに投資信託口座を申し込みます。インターネットバンキングを利用していれば、ＷＥＢでの申し込みも可能です。

書類を送ると、**金融機関経由で税務署が審査、承認**を行います（**一般的に審査に1〜2週間**）。無事承認されると、金融機関から口座開設のお知らせが届き、つみたてＮＩＳＡが利用できるようになります。

つみたてNISA口座の開き方

手順1 つみたてNISA口座を開設したい金融機関から書類を取り寄せる

口座を希望する金融機関から申込書を取り寄せる。「初めての取引なのか」「すでに証券口座を保有しているか」「NISA口座を保有しているか」で送付されてくる書類が変わるので、取り寄せの際きちんと申告を。

手順2 書類に記入して返送。つみたてNISA口座開設を申し込む

つみたてNISA申請書など必要書類と本人確認書類の写し等を返送。

手順3 金融機関のほうで税務署に申請。税務署での審査・承認

税務署への確認には1〜2週間かかるので、申し込みが遅れるとその分今年の取引チャンスを失うことに。

手順4 金融機関から口座開設のお知らせが届き、つみたてNISA口座開設完了

口座開設のお知らせがきたら早速ログイン。パスワードの設定をして、取引をスタートしよう！

手続き完了！ 運用スタート

つみたてNISAはライフプランに合わせて自由に引き出せる

60歳になる前でも引き出せるので住宅購入や副業準備などいろいろな目的にも活用できる

iDeCoは老後資金を貯めることに特化した制度のため、原則60歳まで資金を引き出すことができず、短〜中期的な目的で活用するには不向きといえます。一方で、つみたてNISAは途中解約し、いつでも資金を引き出すことが可能です。そのため、老後資金づくり以外の短〜中期的な目的に対しても柔軟に活用することができます。

つみたてNISAの活用法の一例として左図のような使い方があります。35歳から月3万円を積み立て、41歳の時に住宅購入の頭金として200万円引き出しています。さらに、54歳の時には、趣味を生かした資格取得と副業のためのHP作成費用のために300万円を引き出しています。

このように、つみたてNISAで積み立てたお金は、住宅の購入資金、将来に向けての副業の準備といったライフイベントに合わせて自由に引き出すことができます。また、その後も**地道に積み立て続ければ、将来の老後資金として活用することも可能**です。2042年まで存続されますが、改正によって非課税期間が延長されれば、ずっとお得に運用することができます。

つみたてNISAの活用例

メリット

必要な時に必要な分だけ引き出せる

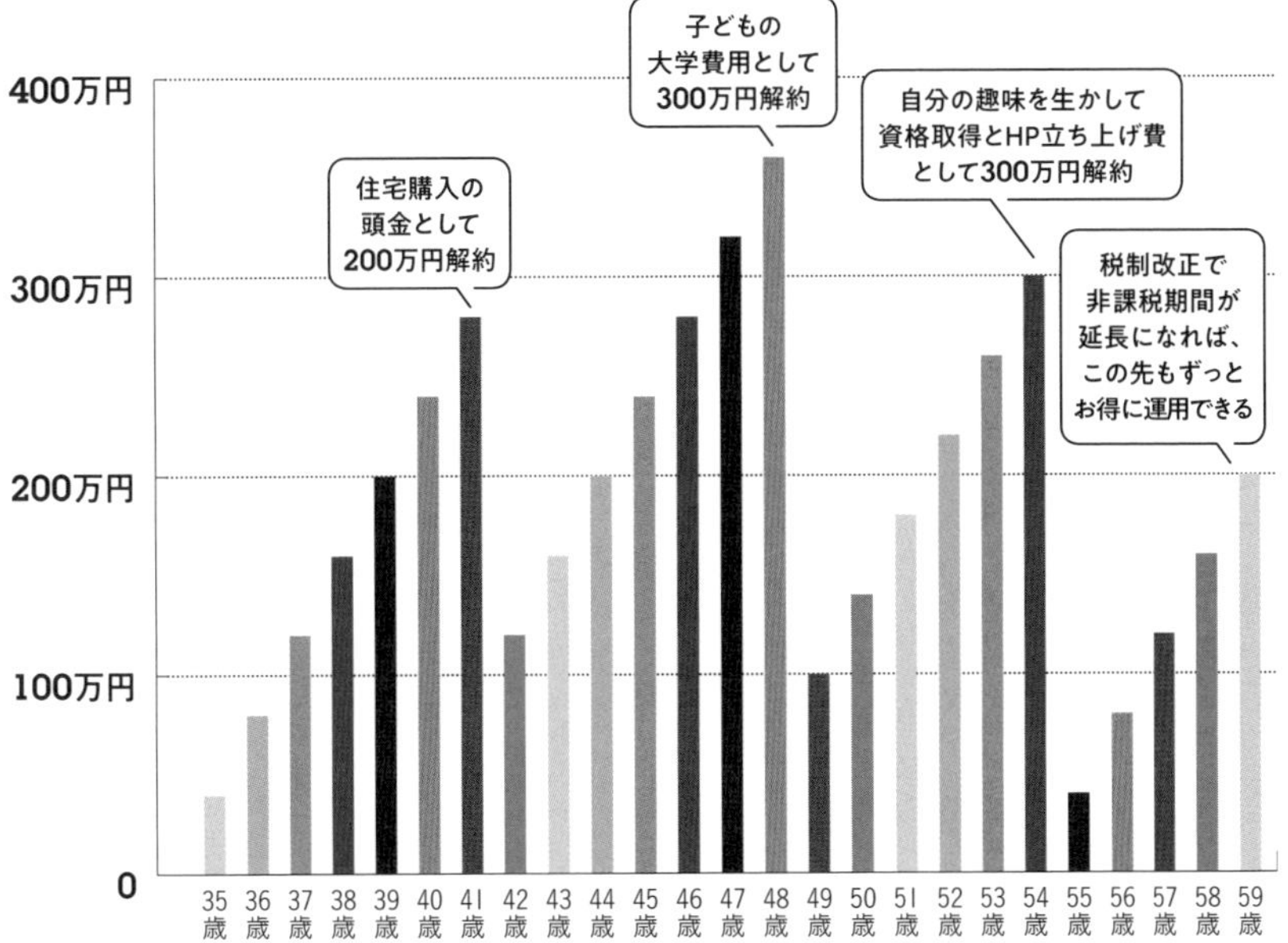

ライフイベントに合わせて必要額を引き出す

いつでも好きなタイミングで必要な額を引き出すことが可能。上図のように、住宅購入や学費など、積み立てたお金をライフイベントに合わせて引き出せるのも、つみたてNISAの使えるポイントです。

年金繰り下げ、iDeCo、NISA以外にも年金を増やす方法がある！

フリーランスは「国民年金基金」と「小規模企業共済」の利用も検討を

自営業などフリーランスの人は、国民年金のみの受給となるため、老後資金を十分に確保することができません。

こうした人におすすめしたいのは「国民年金基金」と「小規模企業共済」の二つの制度です。

国民年金基金は、第1号被保険者だけが加入できる制度。公的年金と同じく終身年金で受け取れる基礎部分にプラスして、一定期間受け取れる確定年金を組み合わせるなど自由にプランを組めます。掛金が全額所得控除の対象となり、iDeCoと合計して月6万8000円を上限として加入できます。

一方で、フリーランスの退職金制度として設定されている**小規模企業共済**は、iDeCo・国民年金基金とは別に月7万円までの掛金が全額所得控除できます。iDeCoと組み合わせる場合は、小規模企業共済のほうが、両方の利用枠をフルで利用できます。

フリーランスが年金を上乗せできる制度

	国民年金基金	iDeCo	小規模企業共済
対象	フリーランス・自営業など 第1号被保険者		従業員20人以下 （サービス・商業は5人以下） の個人事業主など
受取り方	終身年金／ 確定年金	一時金または 年金	一時金または年金
掛金（上限）	2つ合わせて最大6万8000円		最大7万円
利回り	年約1.5%	運用次第	年約1%

老後の積立てをしながら
税金を戻してもらえます！

MEMO

フリーランスだけの制度

国民年金基金も小規模企業共済も原則、フリーランスだけが加入できる制度。しかも、掛金が全額所得控除になるという点も、会社員にはない大きな魅力だ。

月額400円のプラスで一生のお得を手にできる

最大の魅力は手軽な保険料に対して受け取れる年金額が大きいこと

将来の年金受給額を増やしたいなら、**「付加年金」**を利用するのもおすすめです。フリーランスなどの第1号被保険者にとっては気軽に始められます。内容を確認していきましょう。

付加年金は、**国民年金を納めている第1号被保険者と65歳未満の任意加入被保険者を対象**とした、国民年金の上乗せ年金です。国民年金の保険料に月額400円をプラスして納付すると老齢基礎年金に付加年金が加算されます。「200円×付加保険料を納めた月数」を終身でプラスすることができます。

最大の魅力は、手軽な保険料に対して受け取れる年金額が大きい点です。例えば、20歳の人が60歳までの40年間、付加年金に加入した場合、納める付加保険料総額は19万2000円。一方で、毎年もらえる付加年金額は9万6000円となり、2年間で元を取ることができます。申し込みは住まいのある市区町村役場でできます。

ただし、受給額は定額のためインフレなどに伴う物価スライドはありません。また、**国民年金基金との併用ができない**点にも注意が必要です。

付加年金の仕組み

付加年金
による上乗せ
200円×480カ月
（40年）

付加保険料

毎月400円×480カ月（40年）

19万2000円

年間 9万6000円 上乗せ

老齢基礎年金 78万900円

20歳 60歳 65歳

例えば…
支払う付加保険料は…

400円×72カ月（6年間）
2万8800円

もらう付加年金は…

200円×72カ月（6年間）分
1万4400円
の上乗せ ※終身受取り

民間の保険会社の個人年金に加入する手も

公的年金やｉＤｅＣｏだけでは不安、という人は加入を検討してみる価値はアリ

老後資金を貯める選択肢の一つに、民間の保険会社が販売する個人年金保険への加入が挙げられます。ただし、個人年金保険は税制メリットの面でｉＤｅＣｏに劣る上に、現在の低金利では運用としても決してお得ではないため、優先順位は低くなります。しかし、公的年金やｉＤｅＣｏだけでは老後が不安という人は、加入を検討してみるのもよいかもしれません。

個人年金保険は、65歳など**契約時に定めた年齢から個人年金を受け取れる商品**です。契約時に年金額を決める商品もあれば、株式や債券を中心に資産を運用し、運用実績によって年金額が増減する変額型の商品もあります。毎月保険料を支払い、払込後に年金をもらい始めるのが一般的ですが、最初にまとめて保険料を支払う一時払いを選べる保険会社もあります。

年金の受取り方には「一生涯受け取るタイプ」と「一定期間受け取るタイプ」があり、特に人気が高いのが後者の「確定年金」です。確定年金は年金の受取り期間が10年や15年などと決まっているタイプで、例えば、65歳から10年間、元気なうちの活動資金として受け取るといった方法が考えられます。

個人年金保険の仕組み

年金の受取り方法には、

「一生涯受け取るタイプ」〈終身年金〉と「一定期間受け取るタイプ」〈確定年金〉があります。

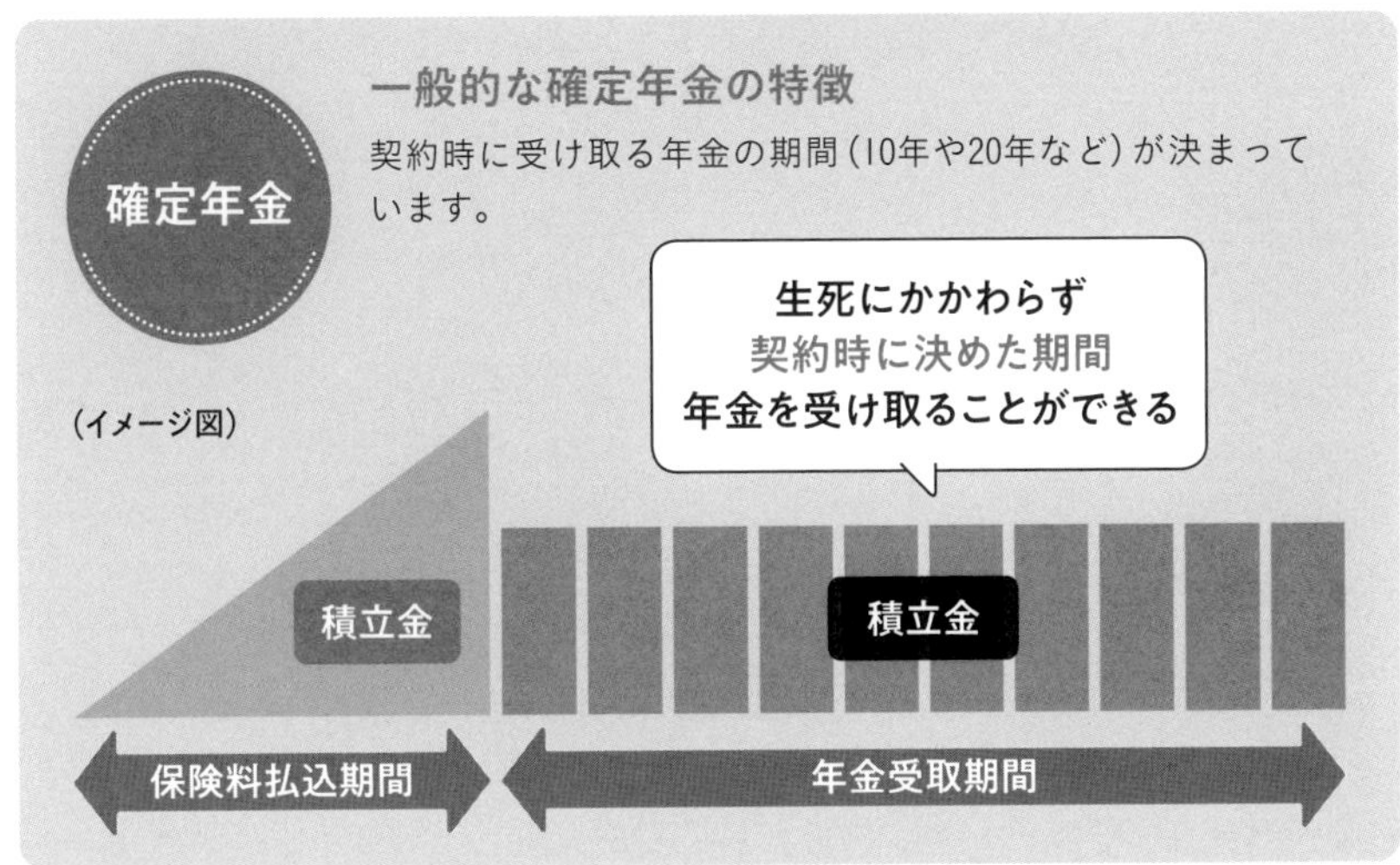

確定年金
一般的な確定年金の特徴
契約時に受け取る年金の期間（10年や20年など）が決まっています。
生死にかかわらず
契約時に決めた期間
年金を受け取ることができる
（イメージ図）
積立金
積立金
保険料払込期間
年金受取期間

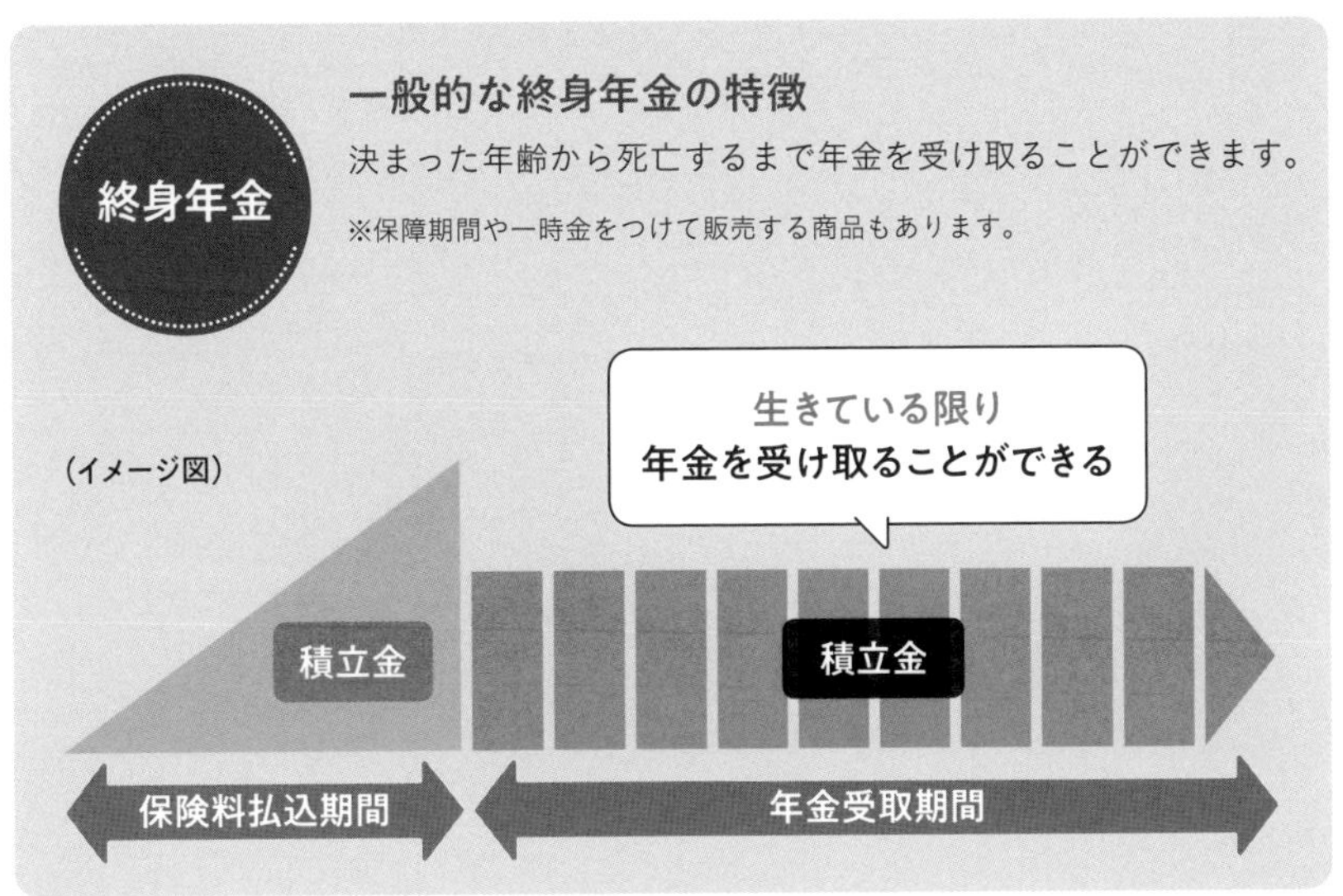

COLUMN

3

幅広い人が使える制度に進化
2022年からiDeCoが変わる！

2020年５月に「年金制度の機能強化のための国民年金法等の一部を改正する法律」が成立し、2022年からiDeCoの仕組みの一部が変更されます。主な変更点は以下の３つです。

- 2022年４月～　iDeCoの受給開始年齢の選択肢拡大。現行は60歳から70歳までですが、５年拡大し、75歳まで選択できるようになります。※
- 2022年５月～　iDeCoの加入可能年齢の上限の引き上げ。国民年金被保険者であれば65歳まで加入することが可能になります。自営業で60歳以上に任意加入している場合も対象です。会社員や公務員の場合は60歳以降も働き、厚生年金に加入している場合が対象になります。
- 2022年10月～　企業型確定拠出年金（DC）を採用している企業の規約の定め等を不要とすることで、社員の多くが加入できるようになります。

※ただしiDeCoに残高がある間は運営管理手数料がかかるため、それ以上に運用益が出なければ受取額は目減りしてしまう可能性もあります。公的年金のように遅く受け取っても受取額が増えるとは限らないことに注意しましょう。

●65歳まで延長になるのは主に会社員や公務員（2022年5月～）

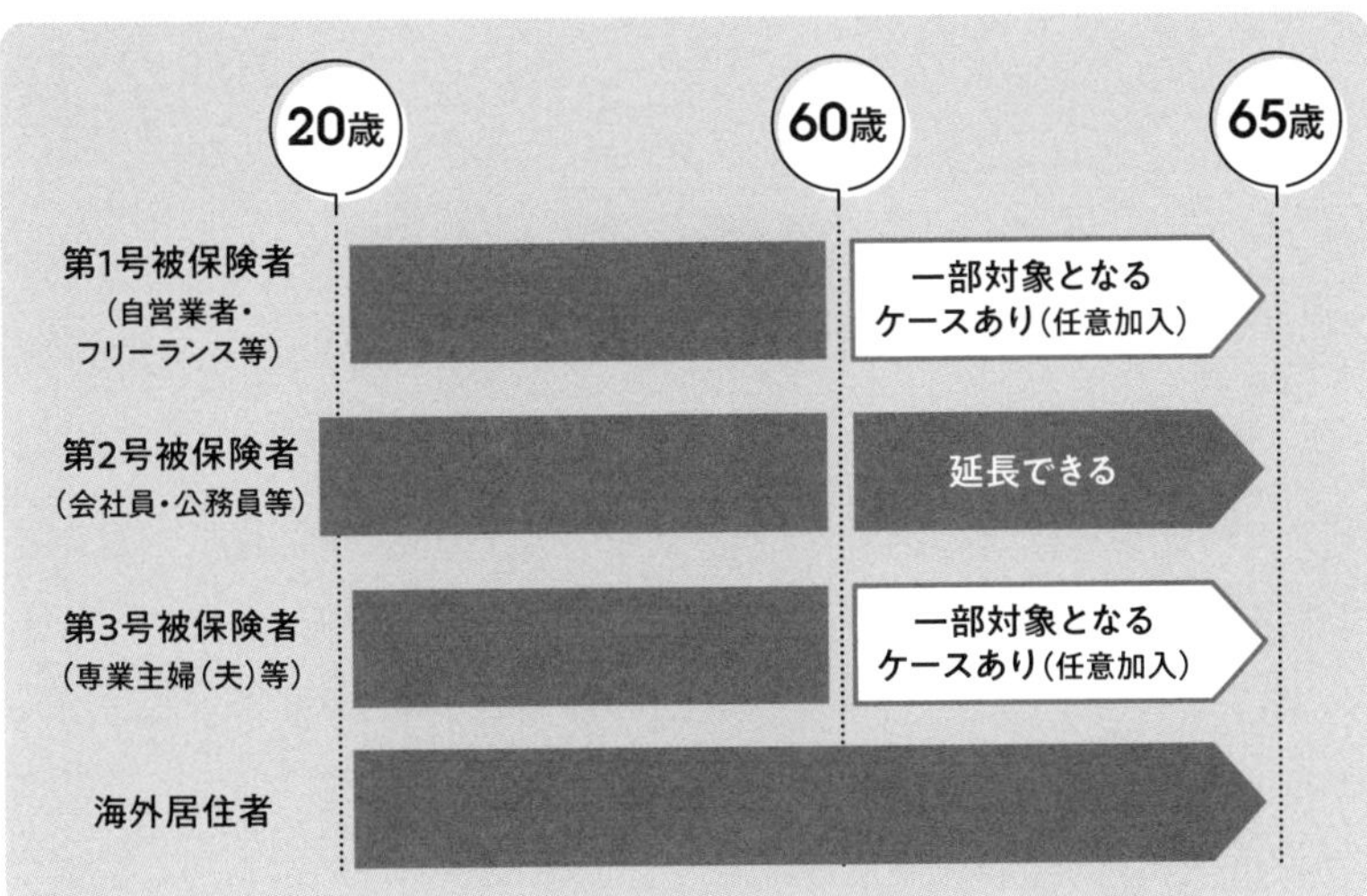

●企業型DCのある会社員もiDeCoに加入できる（2022年10月～）

	変更前	変更後
企業型DCを採用している企業の社員が加入する条件	規約での定めが必要	規約での定めが不要
加入可能年齢の上限	60歳まで	国民年金被保険者であれば65歳まで可能
受給開始時期の選択	60歳から70歳までの間で選択	70歳以降も選択可能（75歳まで）

雇用延長などで60歳以降も厚生年金に加入する人（第2号被保険者）は、65歳までiDeCoに加入できます。また、フリーランスや専業主婦などで国民年金の加入期間が40年未満の場合、60～65歳の間、国民年金の加入期間が40年に達するまでiDeCoに任意加入できます。

COLUMN 4

企業型DCの加入者は「自動移換」に注意

企業型DCは転退職の際、その資産をiDeCoや他の企業型DCに移換することができます。ただし、その手続きを退職後6カ月以内に行わなければ、資産は現金化され国民年金基金連合会に自動移換されてしまいます。自動移換されてしまった場合、資産運用はされないので、資産を増やすことができない上に、自動移換の際の手数料（4348円、'19年10月1日現在。以下同）、毎月の管理手数料（月額52円、年間624円）が資産額から差し引かれてしまいます。また自動移換後にiDeCoに移換する場合や再就職先の企業型年金に移換する場合にも手数料がかかります。企業型DCに加入していた人は、転退職をしたら速やかに移換の手続きをしましょう。

●自動移換されると3段階で手数料がかかる!

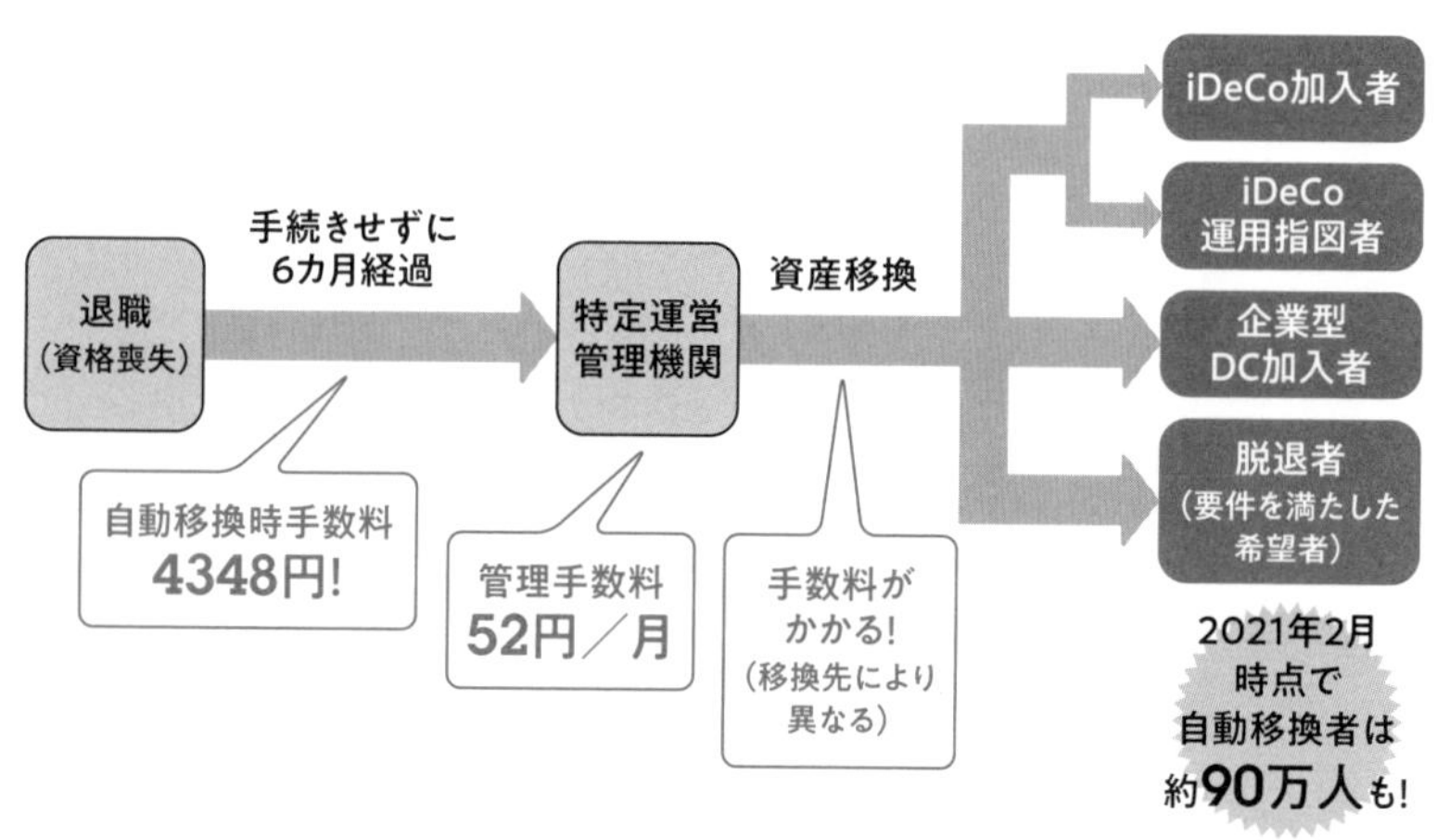

第5章

元気なうちに知っておきたい。エンディングへの準備法

3つの「ひ」を日々、心に刻む

年寄りらしくする必要はなし！
自由に楽しく過ごすために意識したいこと

60歳といえば、仕事も人生も一区切り。本人は変わらないつもりでも、〝老い〟は確実に忍び寄っています。だからといって、少しは年寄りらしくする、なんて考えは一切なし、で結構です。

ただ、ここから80歳までの20年間を自由に楽しく過ごすためにぜひ意識してほしいのが「三つの〝ひ〟」です。「ひがむな」「ひるむな」「ひっぱるな」。私が日々、自分に言い聞かせていることです。

一つ目の〝ひ〟は「**ひがむな**」です。他人の生活をうらやましく思い、嫉妬にかられる経験は誰しもあるもの。こうした卑屈さを直すには、他人との比較をやめて、自分がどうかを中心に考えていく「クセ」をつけることが肝心です。ひがみの温床となりがちなSNSは思い切ってやめてしまうのもアリです。

3つの「ひ」で60歳から楽しく自由に過ごす！

二つ目の〝ひ〟は「**ひるむな**」です。年齢を重ねると、保守的になりがちですが、興味があることにはどんどん挑戦していきましょう。好奇心を持つことが大事ですね。ひるまずチャレンジすることで、自分の新たな可能性が引き出されることは少なくありません。

三つ目の〝ひ〟は「**ひっぱるな**」です。何か嫌なことがあっても、それをひっぱらずに頭を切り替えていくことが、毎日をご機嫌で過ごす最大のコツです。

60歳以降も夢中になれるものを持とう

好きなことを極めるのもよし 新たなことに挑戦するのもよし！

充実した日々を送るためには、夢中になれることを持っておくことが何より大切です。60歳を過ぎると、年齢を気にするあまり、自分の可能性を自ら狭めてしまう人もいますが、まだまだ体力のある世代、**仕事や子育てから解放されたこの時期こそ、好きなことを最も極められるチャンス**ともいえます。

例えば、これまで仕事や子育てをしながら続けてきた趣味があれば、もっと本格的に取り組んでみるのも一つの手です。あなたが早朝のランニングを日課として続けているならば、フルマラソンに挑戦してみるのも面白いでしょう。また、これまでかじる程度だった語学に真剣に取り組んでみれば、海外旅行はもっと楽しくなるかもしれません。

前々から興味を持ってはいたものの、忙しくてできなかったことに新たに挑戦してみるのもおすすめです。私の知り合いには、65歳を過ぎてからカメラを始めて、写真展に出展するまでになった人もいます。

もちろん、新たな趣味と出合うことができれば、それも非常に素敵なこと。とにかく好奇心を失わないで、前向きに人生を歩んでいきましょう。

会社ではない複数のコミュニティに所属する

定期的に人と会うのは大切なことでも無理をするのはやめましょう

60歳以降も楽しく元気に過ごすためには、家族以外にも、複数のコミュニティに所属しておくことが大切です。コミュニティは、学校の同窓会や地域の集まり、趣味のサークルなど、何でもかまいません。

人と会わなくなると、日々の生活はどうしても単調になりがちです。同じことの繰り返しの日々は、認知症の原因になるとも言われていますし、何より面白くありません。一方、コミュニティに所属し、定期的に人と会う機会をつくると、ほどよい刺激のある人間関係を構築することができます。新たな友人や趣味と出会えるチャンスも増えて、暮らしに潤いが生まれるのです。

ただし、無理は絶対に禁物です。行きたくないのに我慢して参加し、ストレスを溜めてしまっては本末転倒。**もしも「自分には合わないな」と思ったら、すぐにやめてしまうのが得策**です。その際に、一つのコミュニティにしか所属していないと、そこがダメになった後、逃げ場がなくなってしまいます。必ず複数の異なるコミュニティに参加しておくようにしましょう。

60歳からの日々の暮らしの心得は?

最期まで気持ちよく人生を送るために意識してほしい三つのポイント

60歳からの20年間は、80歳以降の人生終盤期に向けた準備期間でもあります。最後まで気持ちよく人生を送るためにも、これから紹介する三つのポイントを意識して生活していくとよいでしょう。

一つ目は「**健康第一**」。長く自立した生活を送るためには、日頃から運動して**足腰を鍛えておく**ことが大切です。もちろん、食生活やお酒との関わり方も、年齢相応に見直していくとよいでしょう。ちなみに私は今、骨盤底筋を鍛えることに夢中。尿もれの防止につながります。

二つ目は「**断捨離**」。老人ホームに入る時は、一部屋分の物しか持ち込むことはできません。思い出の品も多くあると思いますが、誰かにゴミとして捨てられる前に、自分の手で思い切って処分してしまいましょう。身のまわりをきれいにすることは**残していく家族への礼儀**でもあります。

三つ目は「**清貧**」。人生の最終盤になって、お金のことでアタフタしたくはないですよね。そのためにも**無駄な散財は控える**ことが大切です。「清貧」の思想を持って、自分の身の丈に合ったお金の使い方を心掛けましょう。

80歳以降に向けての準備は？

よく歩き、よく動き、足腰も鍛える

亡くなった時に大好きな物がゴミとして捨てられるのは悲しい。お気に入りの物以外は溜めこまず、身のまわりをきれいにして暮らす

お金に困る人生終盤期を迎えないために、「清貧」の思想を常に心がけ、きれいなお金の使い方をする

PART 2

【医療・介護の基礎知識】

エンディングに向けて医療と介護制度を知っておく

自分らしいエンディングを迎えるための準備をしておこう

「医療・介護」に加え「財産管理」「死後の手続き」の段取りも

おとな女子たるもの「飛ぶ鳥・跡を濁さず」で、身綺麗に去っていきたい気持ちは強いのではないでしょうか。そのためにも知っておきたいのは「医療・介護」制度の仕組みです。また「財産管理」や「死後の手続き」も生前に段取りをしておくことで周囲に迷惑をかけずにすみます。

元気なうちに医療や介護の判断を託す人を決めておくことが大切です。「成年後見制度」や「家族信託」の利用も視野に入れておくとよいでしょう。

自分の資産額を把握することも重要です。預貯金・有価証券だけでなく、不動産、負債も含め整理しておきましょう。専門家と「死後事務委任契約」を結んでおくこともできます。自分の財産の「相続」も、遺言書の作成や法定相続人の把握をして、スムーズに進めてもらえるよう事前に準備しましょう。

エンディングに向けてやるべき5つの項目

01 医療・介護

病気や介護になった時の準備をしておく。日頃から小さなことも相談できる「かかりつけ医」をつくっておくと安心。認知症が心配な人は「成年後見制度」も選択肢の一つ

02 財産管理

記憶力や判断能力が衰える前に、持っている財産と預け先、金額などをすべて書き出しておく。関係書類の保管場所は、家族や信頼できる人にだけ伝えておこう

03 相続・遺品

もし、特定の人物に多く遺産を渡したい場合には、遺言書の作成は必須。家族が遺産でもめることを避けたいなら、生前贈与を選択する方法もある

04 葬儀・納骨

希望する葬儀のタイプによってかかる費用は異なる。あらかじめ、葬儀社などに相談して、見積もりを取っておくとよい。どんなお墓に入るかも早めに考えておこう

05 死後の手続き

残された親族に迷惑をかけないためにも、死後の手続きがスムーズにいくように準備しておく。親族に任せられない場合は「死後事務委任契約」の利用を

退職後の健康保険は3つの選択肢から選ぶ

継続雇用、再就職するしないで加入する健康保険は変わる

まず60歳以上の健康保険の仕組みを知っておきましょう。

継続雇用や、退職後すぐに再就職する場合には**「継続雇用先もしくは再就職先の健康保険に加入」**することとなります。一方で、継続雇用や再就職をしない場合には、**「健康保険を任意継続する」「国民健康保険に加入」「家族の健康保険の被扶養者になる」の三つから選ぶ**ことになります。

健康保険の任意継続を選ぶと、退職前に加入していた健康保険に2年間加入し続けることができます。手続きの期限は退職日の翌日から20日以内です。これまで会社と折半していた保険料が全額自己負担となります（上限あり）。

国民健康保険に加入する場合は、退職日の翌日から14日以内に、住んでいる市区町村で手続きを行います。前年の所得に基づいて保険料が算出されるため、退職した翌年の保険料が高額になる場合もあることは覚えておきましょう。

ちなみに年収が180万円未満で、他の家族の収入によって生計を維持している場合は、家族の被扶養者になることができます。この場合、保険料の負担はありません。

60歳以降の健康保険制度

	60歳以上 70歳未満	70歳以上 75歳未満	75歳以上
継続雇用	会社の健康保険	会社の健康保険	後期高齢者 医療制度 会社員といえども こちらに移行
年金生活	任意継続後 多くは 国民健康保険	多くは 国民健康保険	
医療費の 自己負担	3割	2割 （現役並みの 所得者は3割）	1割 （現役並みの 所得者は3割）
保険料	加入している 健康保険による	加入している 健康保険による	都道府県により 異なる （全国平均1カ月 あたり5857円）

※医療費の自己負担割合は所得によって区分が異なる。現役並みの所得者は年齢に関係なく3割
※75歳未満でも65歳以上で寝たきり等の状態にある人は、後期高齢者医療制度に加入
※後期高齢者医療制度の保険料は、厚生労働省（平成30〜31年度の平均）による

年齢とともに罹患(りかん)リスクも高まり医療費が負担になる可能性も!

医療費を手厚く備えたいなら民間の医療保険を検討するのもアリ

高齢になると、病気への罹患リスクが高まり、かかる医療費も負担となっていきます。公的医療保険に加入しているので、医療費の自己負担が1～3割程度となりますが、**思わぬ入院・手術で健康保険外での費用が請求される事態も考えられます。**年金が主な収入源となる世代にとっては、痛い出費となります。

数ある病気の中でも、特に急性心筋梗塞や脳梗塞などは入院日数が長期化しがちで、医療費が負担になるケースも少なくありません。また、入院が長期化すると、医療費以外にも日々の食事代や日用品の購入費、交通費、差額ベッド代などが発生しますが、それらはすべて自己負担となります。

がんなどの場合には先進医療が必要となるケースも考えられます。先進医療の一部は200万～300万円と高額になるものもあり、技術料は公的医療保険の対象外となるため、自己負担となります。

健康に気をつかっていても、病気にかかるリスクは誰にもあります。病気にかかった際に、医療費のことで慌てないためにも、きちんと備えはしておきたいところです。**貯蓄で備える、または民間の医療保険に加入するのも一手**です。

傷病別・年齢階級別平均在院日数

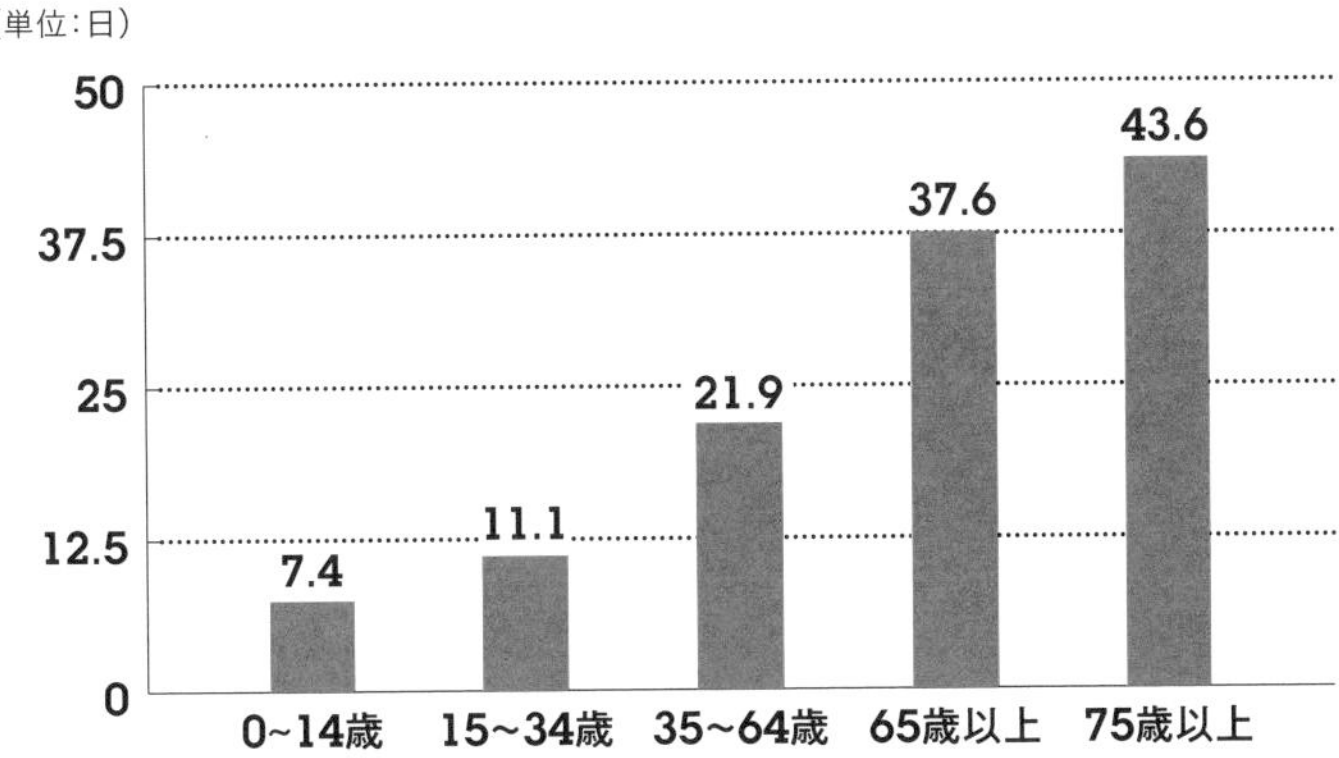

出典:厚生労働省平成29年患者調査

主な傷病別に見た受療率(人口10万対)

		男				女			
		65歳以上	65~69歳	70~74歳	75歳以上	65歳以上	65~69歳	70~74歳	75歳以上
入院	総数	2786	1618	2110	4036	2881	1102	1568	4311
	悪性新生物(がん)	395	282	385	483	203	146	182	240
	高血圧性疾患	11	3	4	20	24	2	4	44
	心疾患(高血圧性のものを除く)	152	69	99	244	163	23	53	279
	脳血管疾患	398	190	277	621	434	100	162	714

出典:内閣府　平成29年版高齢社会白書

7段階の支援・介護
要介護3〜4になると重度に

介護サービスの自己負担額は所得に応じて1〜3割負担

実際に自分に介護が必要になった場合、受けられるサービスは介護認定の程度によって変わります。左表のように、要支援1・2、要介護1〜5の7区分に分けられ、どの区分に当てはまるのかは認定調査などによって決まります。

要支援は日常の生活のほとんどを自分で行うことができますが、多少の生活支援が必要な状態。要介護は日常生活の基本動作を一人で行うことが困難で、介助が必要な状態のことをいいます。**要介護3以上になると、より多くの介助が必要となることもあり、それに伴い介護費用も増えていきます。**

介護サービス料の自己負担額は、被保険者の所得に応じて実際にかかった費用の1〜3割負担です。さらに7段階の要支援・要介護度によって設けられた1カ月あたりの利用限度額があります。例えば、要支援1の場合は、利用限度額は5万320円、要介護5なら利用限度額は36万2170円です。この利用限度額を超えてしまうと、すべて自己負担となります。

さらに、訪問介護の際のおむつやガーゼなどは自己負担になるなど、介護サービスの内容によっては介護保険の対象にならないケースもあります。

低下している日常生活能力の例

要支援1
日常生活の基本動作のほとんどを自分で行えるが、家事や買い物などに支援が必要な状態

要支援2
要支援1の状態と比べてわずかに能力が低下し、何かしらの支援が必要になる状態

要介護1
立ち上がりや歩行などに不安定さが現れ、入浴や排せつなどに一部介助が必要になる状態

要介護2
自力での立ち上がりや歩行、入浴や排せつなどに、一部または多くの介助が必要な状態

要介護3
立ち上がりや歩行、入浴や排せつ、衣服の着脱などに多くの介助が必要な状態

要介護4
介護なしに日常の生活を送ることが困難。入浴、排せつ、衣服の着脱などに介助が必要

要介護5
日常生活のほとんど、身のまわりの世話全般に介助が必要な状態

介護度によって設けられた利用限度額を超えるとすべて自己負担に

●1カ月あたりの在宅サービス利用限度額と自己負担額の目安

介護度	支援限度額	自己負担額		
		1割	2割	3割
要支援1	5万320円	5032円	1万64円	1万5096円
要支援2	10万5310円	1万531円	2万1062円	3万1593円
要介護1	16万7650円	1万6765円	3万3530円	5万295円
要介護2	19万7050円	1万9705円	3万9410円	5万9115円
要介護3	27万480円	2万7048円	5万4096円	8万1144円
要介護4	30万9380円	3万938円	6万1876円	9万2814円
要介護5	36万2170円	3万6217円	7万2434円	10万8651円

※1単位10円の地域（地域により異なる）
※1、2、3割負担は高額介護サービス費適用前の金額

資産内でまかなえる？
平均介護費用と期間を知っておこう

介護になる年齢は予測不可能
65歳以降は介護費用も念頭に

生命保険文化センターの調査によると、自宅改修など介護スタート時にかかる費用は平均69万円、介護にかかる期間は平均4年7カ月、毎月かかる介護費用は平均7・8万円です。介護の度合いや内容により異なりますが、最低でもこれくらいの費用と期間はかかると思っておいたほうがよいでしょう。

自分が介護状態になると仕事もできなくなることもあり、費用は貯蓄と年金の範囲内でまかなうことになります。厚生労働省の「介護保険事業状況報告書」によると、平成30年度末現在での要支援・要介護認定を受けている65歳以上の人は645万人です。65歳以上85歳未満で約47％、85歳以上が約53％となっています。健康状態は個人差があり、介護が必要になる年齢もその人によって違いますが、**75歳以降の介護の確率は急激に高くなります。**

また介護が必要になった原因の第1位は認知症です。特に、おひとりさまの場合、**ある程度の年齢になったら、金融機関のリストや介護サービスの希望などをリスト化したものを親族や知人など信頼できる人に託しておく**と安心です。

介護にかかる期間とお金

介護スタート時にかかるおカネは?

平均69万円

介護を始めるにあたっては、自宅改修などの準備が必要で費用がかかる。ただし、15万円未満（費用なしを含む）の人が34.8%に対して100万円以上が14%と、かなりの差がある

介護にかかる期間は?

平均4年7カ月

子育てと違い期間がわからない点も介護への不安を大きくする理由の1つだ。平均は4年7カ月だが、13.8%は1年未満で14.5%は10年以上。介護期間は、予測できないのが現実

毎月かかる介護費用は?

平均月7.8万円

全体の平均は7.8万円だが、月額費用は在宅介護か施設介護かによって大きく変わる。在宅の場合は4.6万円だが、施設だと11.8万円。しかも15万円以上が約30%もいるという結果も

「在宅」と「施設」介護では平均費用は2.5倍違う!

なるべく長く自宅で過ごすのが理想的だけど一人になったおとな女子は施設入居の可能性大

介護サービスには大きく分けて「施設サービス」と「在宅サービス」の二つがあります。施設サービスは特別養護老人ホームや介護付き有料老人ホームなどへ入居をすることです。それに対し、在宅サービスには訪問介護・訪問看護・訪問入浴など在宅で受ける「訪問系サービス」の他に、自宅にお迎えが来て日中は施設で過ごすデイサービスやリハビリを施設で行うデイケアなどの「通所系サービス」、週末だけなど短期間施設に宿泊する「短期入居系サービス」があります。平均介護費用を比較してみると、施設サービスは月11万8000円、在宅サービスは月4万6000円と、その差は約2・5倍となります。

施設介護か在宅介護かはどうやって決めるのでしょうか? 介護を行った場所を要介護度別で見てみると、要介護1、2では、在宅での介護が約6~7割以上占めていますが、要介護4、5になると施設での介護が半数以上になります。特に**同居家族のいないおひとりさま女子の場合は、在宅での介護は難しい**ものになりそうです。費用面を考えるとできるだけ在宅で過ごしたいところですが、将来的には施設への入居を前提に準備をしておいたほうがよいでしょう。

在宅で利用できるサービスの内容は?

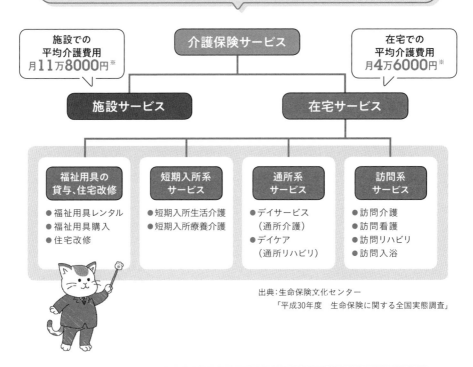

介護保険サービス

- 施設サービス
  - 施設での平均介護費用 月11万8000円※
- 在宅サービス
  - 在宅での平均介護費用 月4万6000円※

福祉用具の貸与、住宅改修
- 福祉用具レンタル
- 福祉用具購入
- 住宅改修

短期入所系サービス
- 短期入所生活介護
- 短期入所療養介護

通所系サービス
- デイサービス（通所介護）
- デイケア（通所リハビリ）

訪問系サービス
- 訪問介護
- 訪問看護
- 訪問リハビリ
- 訪問入浴

出典：生命保険文化センター「平成30年度　生命保険に関する全国実態調査」

在宅介護か施設介護かどう決める?

● 介護を行った場所は?（要介護度別）

	在宅	施設
要介護度1	77.5%	22.5%
要介護度2	67.0%	30.2%
要介護度3	50.4%	47.4%
要介護度4	32.8%	62.9%
要介護度5	47.4%	51.8%

要介護度が高くなると施設での介護が多くなる傾向が

出典：生命保険文化センター「平成30年度生命保険に関する全国実態調査」

高齢者用の住居や介護施設は「介護型」と「住宅型」がある

住み替え？　ぎりぎりまで自宅で？考えられる2パターンの選び方

高齢者用の住居・介護施設は「介護型」と「住宅型」に分類されます。

介護型は一般的に65歳以上の高齢者が入居の条件となっています。その施設で働くスタッフから直接介護サービスが提供され、身体状況に合わせた介護が受けられます。施設によっては24時間体制でサービスを提供しています。

住宅型は一般的に60歳以上が入居の条件ですが、60歳未満でも入居可能な施設もあります。また自立が入居条件になっている施設から要介護度の高い高齢者まで受け入れる施設までさまざまです。自立が入居条件の施設の場合、要介護になってしまった際には、退去しなくてはいけないケースもあります。

一人になったおとな女子が終のすみかを考える場合、二つのパターンが考えられます。一つ目は可能な限り自宅で過ごし、中度以上の介護が必要になったら**介護施設に入居するパターン**。二つ目は元気なうちにシニア向けの住宅や住宅型施設に入り、介護が必要になったら介護つきの施設に**住み替えるパターン**。一つ目のパターンは自宅のリフォーム費用、二つ目のパターンは住み替えによって生じる費用などを考慮する必要があります。

介護型・住宅型の介護体制

	介護型 （介護保険施設・特定施設）	住宅型
契約	入居する施設と契約	別途サービス提携事業者と契約
介護	原則、施設職員による24時間体制	施設外の職員により、 契約した時間のみ
料金	要介護度ごとの定額制	契約した内容により変わる
ケアプラン	施設のケアマネージャー	施設外のケアマネージャー
終のすみか	なり得るケースが多い	なり得ないケースが多い
メリット	費用が一定額でわかりやすく、24時間切れ目のない介護を受けられる	必要なサービスのみ選択できる。 介護度が低い時は、合理的

終のすみかをどう考えるか

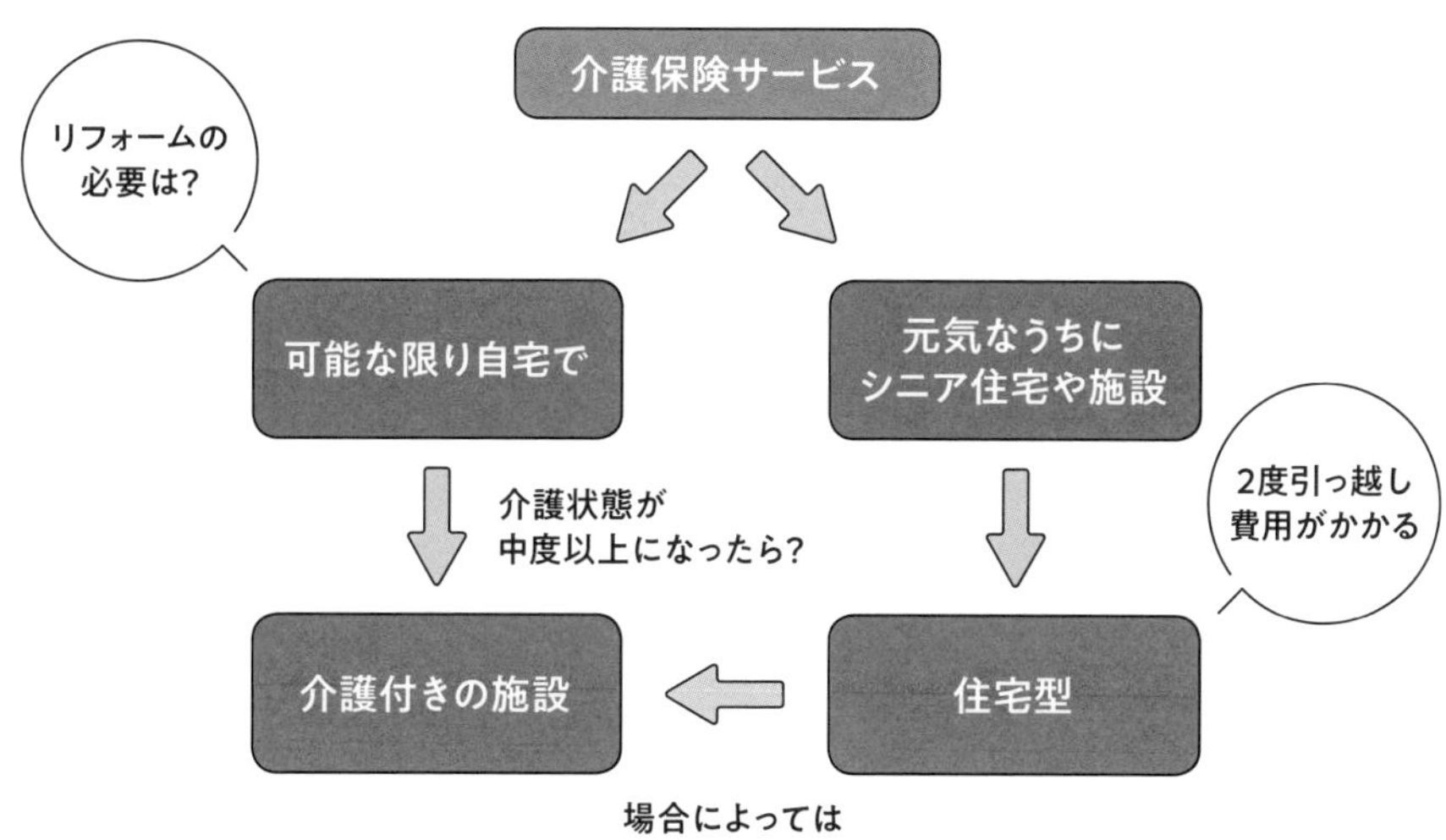

自宅か施設か 元気なうちに“終のすみか”を考える

介護の可能性を考え 早めに住居を移すのも一案

一人になったおとな女子の老後問題の一つに「住宅」があります。自宅で最期を迎えるためには、病気や介護に備え、リフォームをしたり、在宅診療をしてくれる、かかりつけ医を探したり、生活圏内の移動手段を確保したりと、ある程度の準備が必要です。**健康で元気なうちに、思い切って高齢者向け住宅や介護施設に入居するのも、おとな女子が検討しておくべき選択肢**でしょう。

元気なうちから入居可能な施設には、介護付き有料老人ホーム、住宅型有料老人ホーム、サービス付き高齢者向け住宅（サ高住（こうじゅう））などがあります。ただ、設備やサービスが充実していたり部屋が広いところは、豪華さに比例して費用も高くなります。快適性を求めるのか、値段を重視するのかなど優先順位を決め、複数の施設を見学しておきましょう。

高齢者用の住居・介護施設の種類と費用の目安

公的施設

種類	特徴	入居一時金の相場	月額料金の相場
特別養護老人ホーム（特養）	24時間体制の介護サービスがある。割安のため待機者が多い。原則要介護3以上の人が利用	0円	6万～15万円
ケアハウス	自立した生活に不安があり、身寄りがない人が入居できる。自治体から助成があり、低価格	数十万～数百万円	15万～30万円
グループホーム	認知症の高齢者が対象の施設。グループ単位で家庭の暮らしに近い環境で共同生活をする	0～数十万円	10万～30万円

民間施設

種類	特徴	入居一時金の相場	月額料金の相場
介護付き有料老人ホーム〈特定施設〉	24時間体制の介護サービスがある。施設設備の充実度が高めで選択肢が広い分、費用が高め。施設により自立から入居可	0～数億円	15万～35万円
住宅型有料老人ホーム	自立から入居でき、食事や掃除など生活支援サービスが受けられる。介護が必要になったら別途外部の在宅介護サービスを利用する必要がある	0～数千万円	15万～35万円
サービス付き高齢者向け住宅（サ高住）	60歳以上が入居できる賃貸住宅。有資格者の相談員がおり、安否確認や生活相談が受けられる。介護が必要になった場合は、別途在宅介護サービスを利用する必要がある	0～数百万円	15万～30万円

認知機能の低下に備え「成年後見人制度」を知っておく

安全な生活の確保や財産管理をお願いする人を決めておく

認知症になると、最も困るのが金融機関から財産管理ができないとみなされ、預金の引き出し・解約ができなくなることです。

家族がいれば、事前に代理人カードをつくるなどの手立てができますが、一人で暮らす場合、頼りになる親族が側にいないのが一般的。財産管理の制度はさまざまです。

その一つに**「成年後見人制度」**があります。後見人の選び方によって「法定後見制度」と「任意後見制度」の二つに分けられます。前者は、判断能力の欠如が見られる人のための制度で、家庭裁判所の判断で後見人が選ばれます。後者は、判断能力がまだ十分にある人が、自分で後見人を選定しておく制度です。

信託の仕組みを活用することもおすすめです。例えば、楽天証券には生前・認知症発生前に財産管理を十分に行えるよう、IFA（独立系ファイナンシャルアドバイザー）のアドバイスの下、委託者（親）が保有する株式・投資信託などを受託者（子・孫）が受け入れ、運用・管理ができる「家族信託サービス」があります。こういった新しいサービスも事前に調べておくと安心です。

信託の仕組みとは?

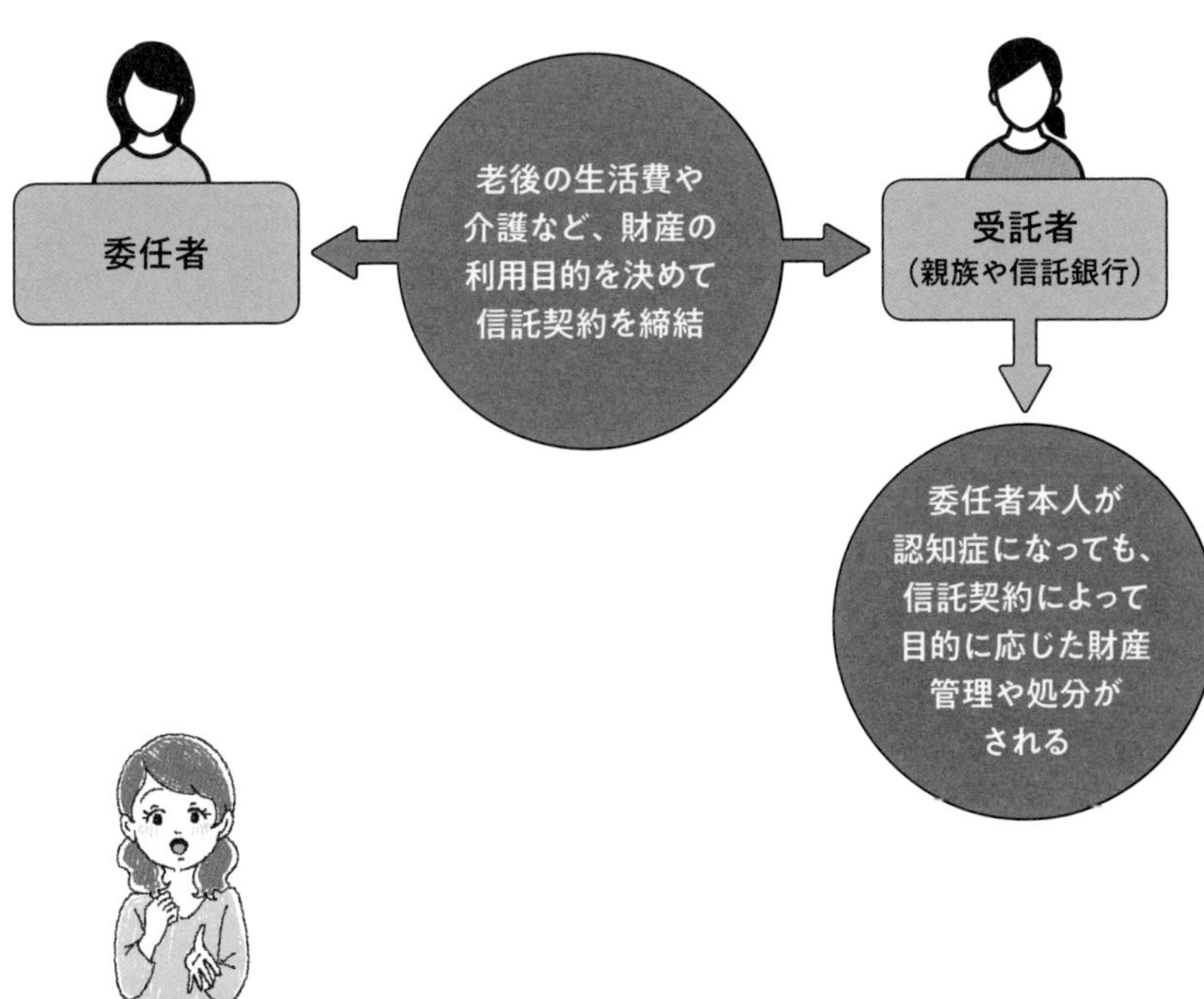

信託管理の手法	概要
解約制限付き信託 (限定的な資金管理)	医療費や老人ホームの費用以外の払い出しが簡単にできないように設定。それ以外の資金は別に管理を行う必要がある
代理出金機能付き信託 (日常生活のお金の管理)	本人が元気なうちに信託したお金を、認知症になった後も日常生活の費用に充てるなど、信託目的に沿って代理人が出金できる。スマホなどで出金通知サービスを行う信託銀行もある
家族信託=民事信託 (財産全体の管理や処分・資金継承向き)	本人の金融資産や不動産などを、信託目的を決めて、受託者がその目的に沿って管理・処分を行う。受託者は家族を設定することが多いので、家族信託といわれているが、信託銀行などを設定することも可能

財産がいくらあるかはリスト化しておく

マイナスの財産を含め抜けなくモレなく書き記す

あなたには、残高はあるのにずっと利用してない銀行口座はありませんか？　高齢になると、どこにどのような財産があるのか忘れてしまう可能性があります。そうなる前に、**あらかじめ持っているすべての財産について、預け先や金額などを書き出しておく**ことが大切です。預貯金、株や投資信託などの投資商品、不動産、生命保険といったプラスの資産はもちろん、住宅ローンなどの負債も、モレなくきちんと書き出しましょう。

要は、どこにどのような財産があるかを把握するのが目的ですが、預貯金の残高や投資商品の評価額などは年１回程度、更新するようにしましょう。生命保険証書や不動産の登記済権利証（登記識別情報）・登記簿謄本も、手元にあれば後々の手続きがラクになるので保管場所を整理しておきましょう。

財産を書き記したノートや重要書類の保管場所は、成年後見人など信頼できる人だけに伝え、いざという時に適切に財産を処理してもらえるようにしておきましょう。また、**金融機関や個人に財産を信託するという方法もあります**（詳しくは226ページ参照）。

自分の財産を書き出しておく

① 預貯金（普通預金・定期預金・貯蓄預金）

金融機関名	支店名	名義	種別	残高
例）ABC銀行	大手町支店	山田花子	普通預金	250万円
⋮	⋮	⋮	⋮	⋮　円
合計額				円

② 投資商品（株・投資信託・REIT・債券など）

金融機関名	支店名	名義	商品	商品名	評価額
例）ABC証券	大手町支店	山田花子	投資信託	全世界株式インデックス投信	80万円（▲年▲月▲日現在）
⋮	⋮	⋮	⋮	⋮	⋮　円
合計額					円

③ 不動産（土地・戸建て・マンション）

形態	所在地	名義人／持ち分	面積	評価額
例）マンション	東京都八王子市八王子町〇－〇－〇	山田花子	70㎡	2000万円
⋮	⋮	⋮	⋮	⋮　円
合計額				円

④ 生命保険（終身保険・定期保険・個人年金保険など）

会社名	証券番号	契約者	保険種類	被保険者	受取人	保険金額
例）ABC銀行	12345	山田花子	個人年金	山田花子	山田花子	年70万円×10年
⋮	⋮	⋮	⋮	⋮	⋮	⋮　円
合計額						円

⑤ 負債

ローンの種類	借入先	借入金額	完済予定日	残高
例）住宅ローン	DEF銀行	1500万円	72歳（2030年4月）	800万円（△年△月△日現在）
⋮	⋮	⋮	⋮	⋮　円
合計額				円

誰が相続人なのか把握しておく

遺言書を作成すれば財産を譲りたい人を指定できる

自分の死後、財産を誰が相続するのか考えたことはあるでしょうか。夫や子どもがおらず、両親も亡くなっているという場合、まずは自分の兄弟が相続人になります。もし、兄弟も亡くなっている場合には、甥や姪が相続人となります。あるいは、**相続人が誰もいないケースであれば、財産は国庫に帰属することになります。**

せっかくの自分の財産ですから、生前お世話になった人や縁のある団体に譲りたいと考えることもあるでしょう。その場合には**「遺言書」を残すことで本来は相続人とはならない人や団体に財産を譲ることができます。**これは相続ではなく「遺贈（いぞう）」と呼ばれ、最近利用者が増えています。献身的に介護をしてくれた人や支援したいNPO法人などがある場合に活用しましょう。

よく利用される遺言書には、自分で作成できる「自筆証書遺言」と、公証役場へ出向いて作成する「公正証書遺言」があります。いずれも書き方のルールが定められていますので、遺言書が無効にならないよう、しっかりと確認してから作成に取りかかりましょう。

おひとりさまの法定相続人は誰？

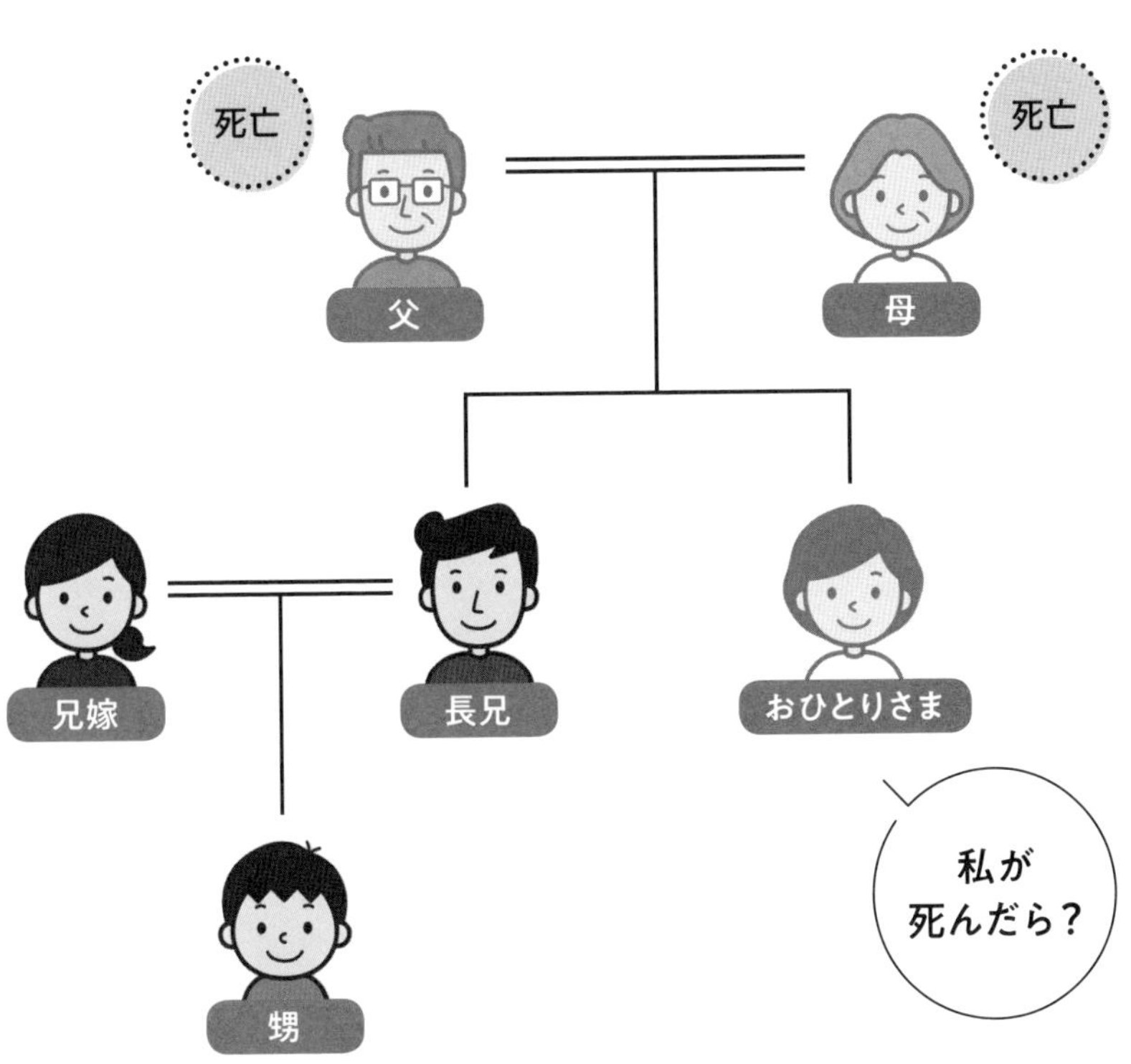

上記のケースの
場合は

1. 兄が存命なら兄が100%
2. 兄が死亡していたら甥が100%

お葬式&お墓の段取りも整えておく

見送られ方や眠る場所について自分の希望を固めておこう

「たくさんの人に囲まれて盛大に」または「親族のみで慎ましく」など、どのような葬儀を望むかは人それぞれです。葬儀は大きく分けて3種類で、知人や近隣の人など大勢で見送る「一般葬」、親族や親しかった友人など少人数で見送る「家族葬」、通夜や告別式は行わずに火葬・納骨を行う「直葬」です。**費用は一般的に、一般葬・家族葬・直葬の順に安価になっていきます。**どのような葬儀を行いたいかイメージするとともに、葬儀社に相談して費用の見積もりを取っておくといいかもしれません。また、自分を見送ってほしいと思う人たちの名前や連絡先一覧もつくっておきましょう。

自分が入るお墓のことも考えておく必要があります。お墓は、寺院が管理する「寺院墓地」、宗教法人や公益法人が管理する「民営霊園」、地方自治体が管理する「公営霊園」などがあります。先祖代々のお墓に入るのか、新たに購入するのかを考えるとともに、費用や管理の方法も調べておきましょう。

子どもなどお墓の継承者がいない場合には菩提寺や霊園に一定の費用を支払って管理してもらう「永代供養」も検討しましょう。

お墓の選び方

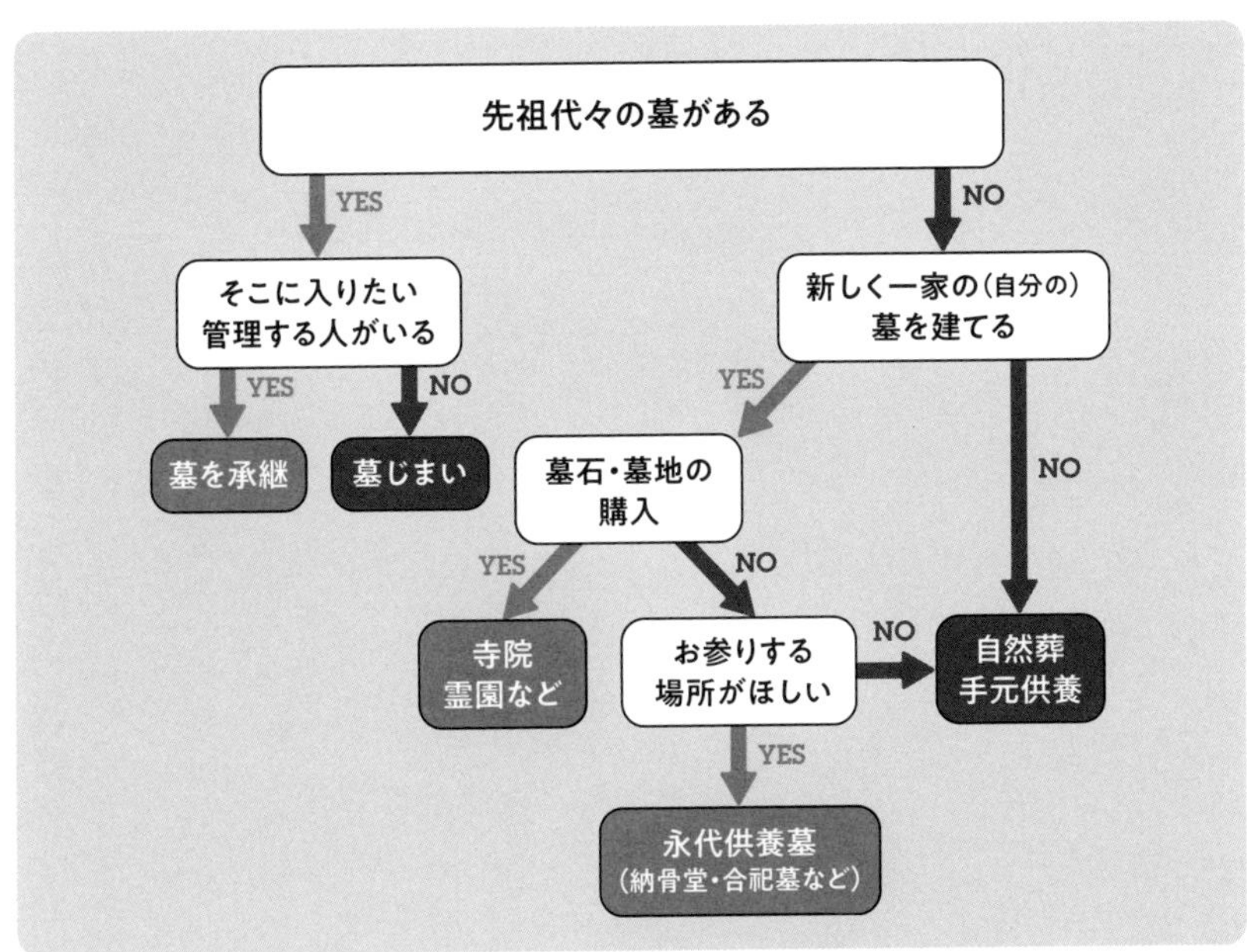

どのお墓に入りたい？　お墓の種類

	条件	メリット	デメリット
寺院墓地(管理:寺院)	●檀家であること ●承継者がいることを条件にする場合もある	●生前購入ができ、手厚く供養してもらえる	●寺院によって費用のばらつきが大きい ●お布施などが別途かかる場合もある
民営霊園(管理:宗教法人・公益法人)	●特になし	●普通は生前購入ができる	●使用料(永代使用料)や管理料が割高 ●指定の石材店で墓石を購入しなければならない場合もある
公営霊園(管理:地方自治体)	●その自治体の住民であること	●使用料(永代使用料)が割安 ●石材店も自分で決められる	●募集数、募集期間に限りがある ●普通は生前購入できない

おひとりさまなら死後事務委任契約するのも一手

亡くなった後の膨大な手続きはプロに任せることもできる？

誰にも迷惑はかけたくないと思っていても、生前にできないのが「死後事務」と呼ばれる諸手続きです。死亡すると、遺体引き取りや死亡届の提出・葬儀の手続き・遺品の整理・各種社会保険の資格喪失手続きなど、やるべきことは山積みです。そこで知っておきたいのが「死後事務委任契約」です。

あらかじめ代理人（受任者）を決め、自分の希望通りに死後の手続きをしてもらう契約です。気のおけない友人がいれば代理人を頼めなくはないですが、何週間もかかる死後事務のすべてを任せるのは心苦しいものがあります。弁護士や行政書士などのプロと契約を結んでおけば安心です。

死後事務をまとめて依頼し、料金を事前に信託銀行に預けておくサービスも登場しています。三井住友信託銀行の「おひとりさま信託」です。金銭信託型か生命保険型を選んで加入し、同時に死後整理社団法人と契約をして死後事務を依頼する仕組みです。ＳＮＳによる安否確認サービスもあります。万が一の死亡確認とその後の処理が行われるので、一人暮らしの不安解消にもなります。

死後事務委任契約の大まかな流れ

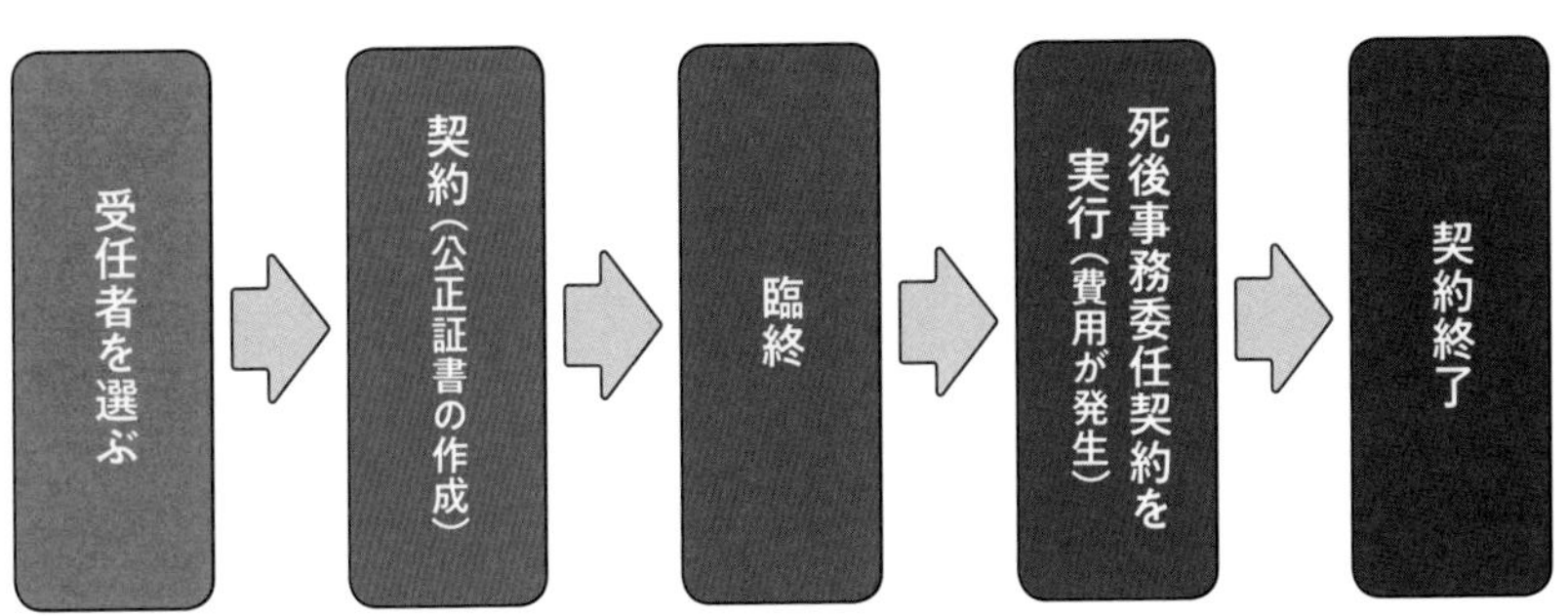

おひとりさま信託の仕組み

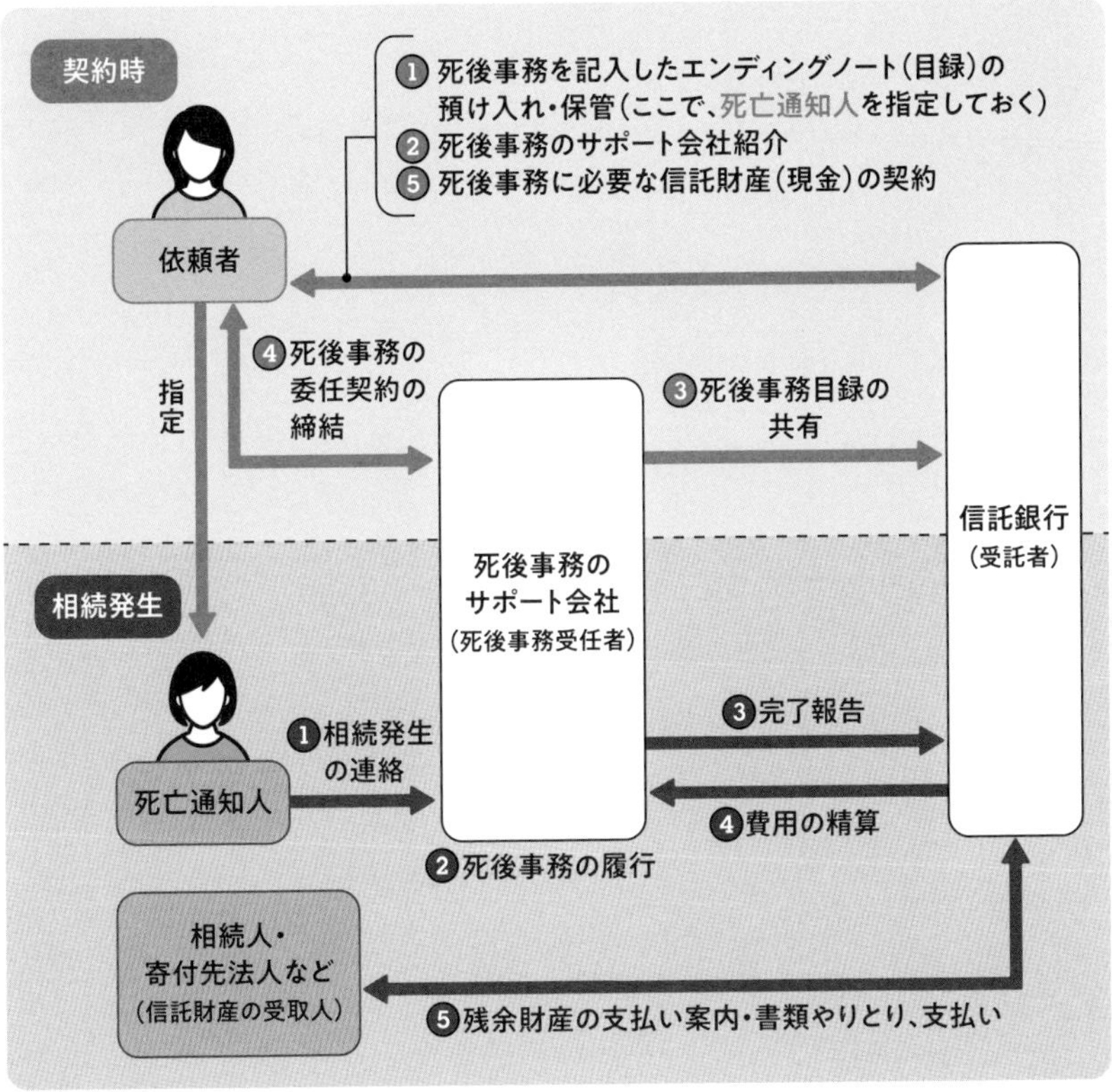

契約時

依頼者

① 死後事務を記入したエンディングノート（目録）の預け入れ・保管（ここで、死亡通知人を指定しておく）
② 死後事務のサポート会社紹介
⑤ 死後事務に必要な信託財産（現金）の契約

信託銀行（受託者）

指定

④死後事務の委任契約の締結

死後事務のサポート会社（死後事務受任者）

③死後事務目録の共有

相続発生

死亡通知人

❶相続発生の連絡

❷死後事務の履行

❸完了報告

❹費用の精算

相続人・寄付先法人など（信託財産の受取人）

❺残余財産の支払い案内・書類やりとり、支払い

おわりに

あなたがお金に困らないためには、何をしたらよいか——。

そんな大命題に対して、私は本書で常に「お金」と「見通し」「心づもり」を意識して生きていくことだと、本音でお話ししたつもりです。

特に大切なのは、やはり「稼ぐ力」です。

「身につけたいノウハウや興味のある分野などを、どうやって見つけ出し、自分のモノにしたらよいのかわからない」という声も聞きます。

そんな時は、少しでも興味を持ったことを、これまで経験のない新しいことを、まずはやってみましょう。あれこれ考えずに、やってみることです。

やってみて、「これは自分には合っていない。長く続けるのは無理だ」とわかったら、すぐにやめればいいのです。早期着手・早期撤退で、無駄を小さくするとともに経験の幅を広げることができます。

今の自分に合っていることを見つけたら、本格的に進めていけばよいのです。

そして、「お金」と「見通し」「心づもり」は、4年単位で見直しをかけるようにしてはいかがでしょうか。

オリンピックは4年に1回開催されていますが、この4年という期間は一つの区切りだと思います。

新しい課題、例えば興味のある分野での仕事に挑戦するとします。資格や免許、実務経験が必要な場合には、それらの取得に1～2年要し、実際の仕事に就いても最初は見習いでしょう。仕事が一応わかるようになるには、やはり4年前後かかります。そして、次の4年は経験を積む年となるでしょう。

また、これまでつけたことのない家計簿をつけたり、つくったことのない家計のバランスシートや家計収支計算書の作成を4年間やってみると、お金の流れはもちろんのこと、自分の性格や考え方、弱点など、じつに多くのことがわかります。これはお金では買えない生涯の財産となります。


本書は、読者の皆さんの豊かな老後へのスタート地点を示したものに過ぎません。まず現状を把握し、なすべきことを整理検討し、目標を設定し、日々の行いを明確にして、ようやくスタート地点に立てるのです。そして、いよいよスタート地点からの「よーいドン!」。早く始めれば始めるほど有利です。

皆さんの栄光のゴールを祈っております。

最後に、企画編集の段階から協力してくださった酒井富士子さん、さまざまなアドバイスをいただいた日本実業出版社の佐藤美玲さんに、深甚なる御礼を述べさせていただき、本書を閉じさせていただきます。

2021年7月吉日　　**井戸美枝**

井戸美枝（いど　みえ）
CFP®、社会保険労務士。講演や執筆、テレビ、ラジオ出演などを通じ、生活に身近な経済問題をはじめ、年金・社会保障問題を専門とする。国民年金基金連合会理事（非常勤）。
「難しいことでもわかりやすく」をモットーに数々の雑誌や新聞に連載を持つ。近著に『大図解 届け出だけでもらえるお金』（プレジデント社）、『一般論はもういいので、私の老後のお金「答え」をください！』（日経BP）、『残念な介護　楽になる介護』（日経プレミアシリーズ）などがある。
https://mie-ido.com

オーバー40歳でも大丈夫！おひとりさまでも大丈夫！
私がお金で困らないためには今から何をすればいいですか？

2021年 8 月 1 日　初版発行

著　者　井戸美枝
発行者　杉本淳一

発行所　株式会社日本実業出版社　東京都新宿区市谷本村町 3－29 〒162－0845
編集部　☎03－3268－5651
営業部　☎03－3268－5161　振　替　00170－1－25349
https://www.njg.co.jp/

印刷・製本／木元省美堂

ISBN 978－4－534－05868－3　Printed in JAPAN